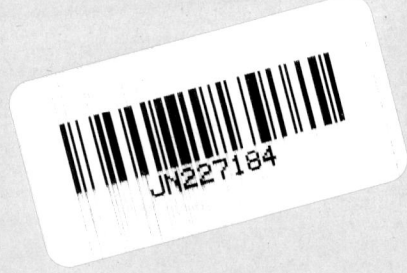

フリーランスと個人事業者が株式会社を作るときにゼッタイ読んでおく本

税理士・行政書士 大場智子 著
社会保険労務士 潮田祥子 著
税理士 野澤澄也 監修

ソシム

●本書の内容は 2014 年 2 月 28 日現在の情報を元に記述されています。本書に記載された法律やサービス等は予告なく変更される場合があります。
●本書の出版にあたっては正確な記述につとめましたが、著者や出版社などのいずれも、本書の内容に対してなんらかの保証をするものではなく、いかなる運用結果に関してもいっさいの責任を負いません。

はじめに

会社にすれば「何とかなる」時代は終わりました。

しばらく前までは、小さな商店街を歩くとお肉屋さん、八百屋さん、文房具屋さんも本屋さんも看板には（株）や（有）と、会社であることを表す表示がありました。誰もが商売を会社で営むのが普通の時代は、税金の損得や好景気、個人事業に対する世間の受け止め方などにそうする理由がありました。

しかし、コンビニが登場し、ネット通販が闊歩しだしてビジネスの仕組みが大きく変化するのと歩みを合わせるかのように、会社にすることで得られるメリット、デメリットが大きく変わっています。

結論を言うと、誰でも、会社にすれば事業が「何とかなる」時代は終わりました。

もちろん、これまでも会社を作れば誰でも「必ず得」をしたわけではありませんが、「何とかなる」時代でした。少なくとも会社にしたこと自体で「大損」をする人はあまりいませんでした。

これには、しばらく前までは、社会全体が小さな会社をいろいろな面で「大目に」見てくれていた部分があったという事情があります。少し誇張した言い方にはなりますが、小さな会社には、会社の「権利」と「義務」のうち、義務を大目に見てもらい、権利だけを享受することが可能な部分がかなりあったのです。

それがいまや、コンプライアンスへの意識、労働法規の遵守、社会保険の加入、税金面での規定や会計帳簿の記帳義務まで、「小さくても会社」としての義務を見逃してもらうことができなくなっています。そして、求められるハードルも高くなってきています。つまり、お気楽に会社にしたら、大げさではなく「痛い目をみる」時代になってきているのです。

「稼いでいる人」しか生き残れない!?

会社にすれば「何とかなる」時代から、どう変わったのかをイメージすれば次ページの２つの図のようになります。【これまでは】会社にすることがそのまま「得」になっていた人が多かったのが、そんな人が減り、【これからは】会社にしただけでは「損」になってしまう人が増えているのだと思います。

【これまでは】

やり方によっては損	会社が得!!
会社にするだけでは損!	やり方によっては得

【これからは】

やり方によっては損	会社が得!!
会社にするだけでは損!	やり方によっては得

では、どんな人なら会社にすることが「得」になるのでしょうか？

かなり無茶な言い切り方をすれば、「しっかり稼いでいる人」、という答えになります。これから稼ぐために会社をつくろうかな、と思っている方にとっては、身も蓋もない話ですが、現在の会社を取り巻く環境ならば、これが一番明確な答えです。今は会社にすることによって生じるコストなどがこれまでと比べてかなり増えていて、それらをまかなって余りある利益をあげることが、普通に会社を続けていくために必要になるからです。

しかし、「しっかり稼いでいる人」以外には道はない訳でもありません。

上の図の通り、会社をつくって「損」をするのは、「やり方」を誤った人や「会社にするだけ」しかしなかった人で、会社をつくったすべての人が必ず損をするわけではありません。むしろ、やり方によっては得することができるはず、今は違っても「稼げる人」になれるはずなのです。

本書は、会社を作ることで得られること・得られないこと、メリットやデメリット、さまざまなリアルケースや、シミュレーションなどを示すことによって、今の時代に個人事業者やフリーランスの方が、どのように法人化（法人成り）すれば「痛い目」にあわず「稼げる人」になれるのかについてまとめました。ただ明確な目標なく会社にしてしまうのではなく、計画的に会社という仕組みを使い倒すために使えるヒントを随所に織り込んだつもりです。

本書が、法人成りをして「稼げる人」になりたいと願う個人事業者、フリーランスの方々のお役に立てれば幸いです。

2014年2月

著者・監修者一同

フリーランスと個人事業者が

株式会社を作るときにゼッタイ読んでおく本

目次

Chapter 01
株式会社を作ろう

CONTENTS

Chapter 02
株式会社を作った人のケーススタディ

Chapter 03
個人事業主と比較した株式会社のメリット／デメリット

CONTENTS

Chapter 04
株式会社をとことん使いこなす

Chapter 05
株式会社を作ってみよう

Excel フォームのダウンロードについて

Excel フォームのダウンロード方法

本書の Chapter 04 では、会社と個人の税金と社会保険料の概算のシミュレーションを行っていますが、そこで使用している Excel フォームをダウンロードして利用することができます。ダウンロードの方法は下記のようになります。

① Web ブラウザで下記のページにアクセスします。
http://www.socym.co.jp/book/889/
②表示されたページの「読者サポート」にある「ダウンロード」ボタンをクリックします。
③表示されたページの「シミュレーションシートのダウンロード」をクリックするとダウンロードが開始されます。

ダウンロードしたファイルについて

ダウンロードされたファイル「sample.zip」は zip 形式で圧縮されています。ファイルを解凍すると次の 2 つのファイルが作成されます。

・法人の税金シミュレーション 2014.xls
・社会保険シミュレーション 2014.xls

それぞれの Excel フォームの詳しい使い方は、本書の Chapter 04 を参照して下さい。

Chapter 01

株式会社を作ろう

01-01 あなたが「会社を作る」理由とは

「会社を作る」理由の分類

ここでは、すでに「会社」を作ろうとしている方に向けて、少し立ち止まり、振り返っていただく時間を持っていただくことを目的としています。

最初の問いかけは、「会社を作る」理由です。

あなたが「会社を作る」ことを考え出したのは、もしかすると次のような理由からではないでしょうか。

あなたが「会社を作る理由」

1. 先輩が、「個人より会社が税金面でトクだ」と言っていたから
2. 銀行や取引先からの信用が、会社の方があるらしい
3. 周囲から「そろそろ会社にしたら？」と言われて
4. 会社にすると保険とか有利に加入できるらしい
4. どうせ名刺を持つなら「社長」の肩書がほしくて……

こう書いてみると、どれも理由にならないような理由ばかりですが、現実にかなり多くの方がこのような理由で会社を作りたいと、相談に見えることも事実なのです。

これらの理由について詳しく話を聞いてみると、「会社を作る」動機はおおまかに「節税」「信用」「保障」の３つの型に分類することができるようです。

「会社を作る」理由を分類する

目的	理由
節税型	● 現在の納税額を圧縮したい
信用型	● 資金調達や採用をスムーズにするための社会的信用を得たい ● 顧客開拓や営業面をスムーズにするための社会的信用を得たい
保障型	● 人材確保や蓄財のための仕組みを作りたい ● 経営者自身が厚生年金や健康保険に加入したい ● 家計と事業の分離を行いたい

これから、この区分で「会社を作る」ことの理由とその背景を説明します。あなたは、どのパターン（型）でしょうか。それぞれのパターン（型）ごとにChapter 3以降での該当する箇所を示しましたので、とりあえず結論を知りたいということであるならば、そこから先に読んでいただいても構いません。

節税目的で会社を作る節税型

個人事業を営んでいる人が、会社にしようとする理由でもっとも多いのは「節税」です。

個人として開業から何年か経ち、営業成績が好調で、所得税、住民税、それに連動する国民健康保険、事業税、消費税など、負担感が増してくる頃に、「会社の方が税金は得」とのアドバイスが受け入れやすくなっているのだと思います（56ページ参照）。

ただし、ある面では税金を減らすことに気持ちがいくのは、資金的に厳しくなっているからという見方もできます。

事業の信用強化の目的で会社を作る信用型

個人事業主として開業して苦労したかもしれない点として、周囲から事業に関する信用を充分に得ることがなかなか難しいということがあります。この信用には大きく分けて２種類あります。それは、「金融機関からの信用」と「新規顧客からの信用」です。

1）資金調達を有利にする

成長を続けている時期は、前年の税金を支払った後の利益で、翌年の増加する売上に対応する経費を負担することになるので、常に資金は不足気味になります。

金融機関などからの資金調達を有利にするための「信用」について考えるのも、会社を作ることにより資金調達を有利に進められるならば、と考える場合が多いからです（78ページ参照）。

2）顧客開拓や与信などを有利にする

これに対して、もう１つの「信用を得ること」を目的として「会社を作る」理由で多いのは、仕事を得るため、顧客開拓などの営業面での信用を必要としている場合です。

個人事業でしばらく事業してみたものの、独立する前は勤務先の社名＋自分の名前で仕事をしてきたのが、まったくの「肩書きなし」になってしまったことに抵抗を感じる場合もあるようです。また学生のうちに起業する場合などであれば、学生である自分の身分だけでは、顧客からの信頼を得にくいと考えるのかもしれません。

人材確保や蓄財のための保障型

個人事業主としてある程度事業が拡大・安定してくると、従業員を雇うことも視野に入ってきます。優秀な従業員を雇うためには福利厚生などに気を遣う必要もあったり、自分の家族に対する保障も充実させることが求められるようになってきたりします。

1）人材募集や採用などを有利にする

前向きな意味で人材募集や採用、従業員の定着をはかる意味で、会社による「信用」と社会保険加入などの「保障」を考える場合があります。

「保障」の面では、会社でかける生命保険など、個人事業ではできない保障をしながらできるストックなどに着目して「会社を作る」ことを考える人もいますが、「節税」型や「信用」型に比べると少数派です（89ページ参照）。

2）家計との分離や家族の安心感を得る

意外に多いのは、サラリーマンから個人事業主になってしまったことにより、給料日がなくなることや、社会保険が国民年金や国民健康保険に切り替わることを本人ではなく、配偶者が不安を感じているので、以前と変わらない状況を作るために会社にする、という理由です（126ページ参照）。

それは、サラリーマン時代には、「給料」以外では仕事と家庭がつながっていなかったのが、独立開業となれば、その境目が曖昧になりがちだからです。ただでさえ脱サラ、起業を不安に思う配偶者に「会社を作る」ことで、その境界線を明らかに示すことができる効果は少なからずあります。

ビックリするような理由もアリ!?

さまざまな理由で「会社を作る」人がいるわけですが、これまでに、こんな理由で会社を作りたいと言った人もいました。

長男が小学校へ入学するときに父親の職業欄へ会社名と「社長」と書きたい

そのときは理由を聞いてかなりビックリしましたが、あくまでも「会社を作る」タイミングとして、この時期を選ぶ理由と考えれば、これも「あり」だと思います。

こんな方にこそ、21ページのチェックリストでセルフチェックをしていただきたいとは思いますが。

Column

初めに【理念】ありきは本当？

有名な会社、成功した企業は、最初から「スーパー企業」だったのでしょうか。スタートから大望の志や壮大なるビジョンを持って、その実現のために脇目もふらず努力をし続けていたのではなく、実際のところ、その成功の理由は後づけの場合もあるのではないでしょうか。

最初はちょっと恥ずかしいような理由でスタートして、つまずきながら身体で覚えていきながら、理念やビジョンを創り上げていった会社も多いのではないかと思います。

例えば、あのソニーにしても、その前身である東京通信工業の時代に、有名な「真面目なる技術者の技能を、最高度に発揮せしむべき自由闊達にして愉快なる理想工場の建設」に始まる、大望の志にあふれる立派な設立趣意書が書かれています。

しかし、実際にはその設立趣意書を作った時期には木桶にアルミ電極をつけた電気炊飯器を作って見事に失敗したりしています。設立後も資金繰り（特に新しい「円」への切り替えでの資金不足）を補うために、温度調節を行うサーモスタットも付いていない、うっかりすると布団が焦げてしまう「電気ざぶとん」なる怪しい製品を「銀座ネッスル（熱っする）商会」なる名前を騙ってまで販売していて、とても設立趣意書の経営方針など、恥ずかしくて語れないような時期もあったことがわかります。

今のような時代であれば、そんなことが発覚すれば、厳しい批判を受けることになるかもしれませんが、あのソニーでさえ、そんな苦笑いするような時代を経て成長をしたのだと思えば、励みになるのではないでしょうか。

01-02 「会社を作る」ことは本当に得なのか？

会社は自分でペダルを踏まないと前進しない「自転車」と同じ

「会社を作る」理由やきっかけは、前のセクションにも書いたように、ビックリするようなきっかけでも「あり」だと思います。それよりむしろ「会社を作る」ことによって得られる「求めている結果」のほうが気になってしまうときがあります。

それは「会社を作れば、自分が抱えているすべての問題が解決する」と思っている人が思いのほか、多いからなのです。

会社は、飛び乗って呪文を唱えたら、明るい未来に連れて行ってくれる「魔法のカーペット」ではありません。どちらかと言えば会社は「自転車」に近いもので、あなた自身が目的地を定めてハンドルを握り、力強くペダルを踏み出さなければ、一歩も前に進むことがありません。

自転車に乗ることにより、徒歩よりも早く移動することができますが、急な登り坂や階段では自転車を担いで歩かなければならないのと同じように、「会社を作る」ことにより、個人で仕事をすることよりも法的、経済的に負荷がかかる場合もあるのです（このあたりについてはChapter 3で詳しく解説します）。

「会社を作る」ことが必ず得になるわけではない

「本当に会社にしたら得なのでしょうか」という質問をよく受けるのですが、他のあらゆる選択肢と同じように、誰にとってもその結果は損得どちらもあり得るわけで、「会社を作る」ことも「必ず得」とは言えません。

例えば、会社にすることによって社長であるあなた自身も給料をもらうことができるようになります。個人事業者のときは、売上が少なかったり経費が掛かりすぎたりすると、その月の収入が少なくなってしまうことを考えると、非常に得なように思えます。その一方で、給料は年間を通して同額にすることが法律で定められていて、期の途中で上げ下げを自由にできないなど、不自由な点もあります。

このこと１つを取ってみてみても、その損得を簡単に答えられず、どんな事柄でも損得が表裏一体、どちらにもなり得るのです。

それでも、これまで多くの方が「会社」を作ってきたのは、仕事を前向きに発展させていこうとしたときに、「会社」は頼りになる仕組みだったからだと思います。「はじめに」に書いたように、誰もが、会社を作れば何とかなる時代ではなくなりましたが、本書では個人で仕事をすることと「会社を作る」ことによってどのような差が生じるのかについて、Chapter 3においてメリット/デメリットを比較してみました。

ただし、それらはあくまでも参考であって、本当にみなさんにお伝えしたいのは、どのようにしたら「会社」という仕組みを、みなさんが成し遂げたいことのためにトコトン使い倒すことができるのか、です。

どんなメリットもネガティヴに捉えてれば、デメリットと化しますし、逆に普通はデメリットとして思えることもポジティヴに向き合うことでメリットとなることもあるからです。

先の質問に対する私たちの答えは、「結果として、会社を作ったことが得になるように取り組めばトクになります」というものです。

そのためにお役に立つのが本書の目的でもあります。

いつ「会社を作る」のが正解なのか

「会社を作る」理由やきっかけは千差万別で、どのタイミングで始めるか、についても完璧な正解はありません。すでに触れたように、事業とはまったく別の理由により「会社を作る」ことすらあるのです。

ヒト、モノ、カネが揃うまでは、動いてはダメだという人もいますが、結論から言えばこれらの条件のすべてが整うことを待っていたら、その間に年を取ってしまいます。

しかし、見切り発車で良い、と言っているわけではありません。ある時点で必要な条件を見極めたとして、それらの条件の全部が揃うまで待っているうちに、世の中はドンドン変化して、当初の条件の前提すら古くなってしまう場合すらあります。誰もやっていなかったサービスなのに、機が熟すのを待っているうちに、次々と先を越されてしまうことも充分に考えられます。

「会社を作る」理由ばかりを問わず、ある面では「勢い」も大切と思うのは、まずスタートしなければ、何も始まらないからです。

最近のIT業界では、提供するアプリケーションやソーシャルゲームなどのオンラインサービスを小さくスタートしてなるべく早く起ち上げ、利用者の反応を見ながら軌道修正を繰り返す形が主流となっています。

それは、ビジネスの世界の変化のスピードが早く、前提とした環境が完璧な完成を待っているうちに消え失せてしまう可能性すらある世の中となったからだと思います。そんな状況を反映して、若い起業家の間では、Facebookの創業者・CEOのマーク・ザッカーバーグ氏の次の言葉が合い言葉にすらなっています。

“Done is better than perfect”
「完璧を目指すよりまず終わらせろ」

日本人の細やかな性質や、これまでの自動車や家電メーカーの目指してきた「高品質」を思うと、随分、乱暴に感じますが、これは最近に言われだした目新しいことではありません。

現在のパナソニックの前身・松下電器の創業者である松下幸之助氏は、「経営の神様」とさえ言われていましたが、最初は自宅で妻と妻の弟（後の三洋電機創業者）と３人で小さく商いを始めています。その当時には「失敗すればやり直せばいい」と言いながら失敗の山を築き、成功をするまで改良を続けて、会社を従業員30万人の大企業に育てています。

また「完璧を目指すよりまず終わらせろ」に近い言葉として、世界的な大企業GE（General Electric）の元CEO、ジャック・ウェルチ氏もほぼ同じ視点で次のように語っています。

「長く待ちすぎるより早すぎる行動に価値がある」

まずは小さくスタートすることと、軌道修正を繰り返すことは王道とは言えないまでも、成功への１つの道筋なのだと思います。

目的地のない行程は「旅」ではなく「さまよっている」だけ

そうは言っても、「ワイルドに行く」ことと「無謀」とは違います。

会社を作ると同時に、見栄のために不必要に大きなオフィスを借りたり、仕事に余るスタッフをたくさん採用したりすることは蛮勇に過ぎません。最初に「会社を作る」理由はどうであっても、あまり問わないと書きましたが、個人のままで行うにしても「会社を作る」にしても、仕事を行うことで「たどりつきたい目的（地）」は明らかにしておかなければなりません。

この仕事を通して何を成し遂げたいのか、どのような自分でありたいのか、社会に対してどのように役に立つのか、を定めなければ、歩いて行くにしても自転車に乗るにしてもそれは旅ではなく、「さまよっている」だけとなってしまいます。

時には橋の無い谷を飛び越えなければならない瞬間もあるかもしれませんが、その向こう側に目指す地がなければ、それはただのギャンブルとなります。あなたが目指す所は「どこ」なのでしょうか。

倒れないようにするには、走らなければならない

本書では、「会社を作る」ことによって該当することになるさまざまな法規で定められている項目を中心に解説していきます。これらはみなさんの好き嫌いに関わらず強制される法規です。

これを「いやだやりたくない」と後ろ向きに避け続けることで失う時間や手間、社会的な信用を考えれば、「それらを前向きに受け入れることによって、これだけのフィールドが自由に使える」と考えた方が、人生の無駄遣いを防げると私たちは考えます。

> 人生とは、自転車のようなものだ。
> 倒れないようにするには、
> 走らなければならない。
>
> アルバート・アインシュタイン

Column

ビッグチャンスには要注意

会社設立の相談を受けたときに、どこから見ても話がおかしいときがあります。「会社を作るのは、もう少し考えた方がほうがいいかもしれません」と伝えると、そういう人に限って「そんな暇はないんだ。目の前に大きな商談があるから」とか「今がチャンスなのです」と言います。

「今すぐ、待ったなし、千載一遇のチャンス!!」…本当ですか？

以下のチェックのすべてに「大丈夫、オッケー!!」とマークできなかったら、「それは、何故か」を書き出して、じっくり再考してみてから動き出しても遅くはありません。

区分	石橋を叩くのか、メッキをはがすのか？
仕事の内容	その仕事の優位性を、自分で本当に理解できているか？
キーパーソン	素性は確かか？　何故、それを自分だけでやらないのか？
コンプライアンス	塀の上を歩くような仕組みではないか？
	「仕事の中核」に関わる権利や法律は自分で確認済み？
採算性の確認	世間相場で考えても順当に利益が出る商いか？
継続性	後発に追い抜かれ、あっさり単発で終わる可能性はないか？
損害の可能性	皮算用が崩れた時に、誰が何をどれだけ失うのか？
バックアップ	家族、友人に「良い所だけ」つまんで話していないか？
	その言いづらい部分こそが「仕事のコア」ではないか？

上記のチェックリストは、「うまい話」に乗せられることを防ぎたいために作ったものです。「そんなバカな話には私は騙されない」と思うでしょうが、後から「何故、そんな話に乗ってしまったのだろう？」と後悔をせずに済むように、始める前に考えるためのチェックです。

ザッと流して「大丈夫」と思った方も、もう一度、自分に正直に答えてみてください。胸に手をあててドキッときたけれど、具体的に何が問題なのか説明がつかない方は、専門家に相談してみてください。

01-03 会社を作るならお勧めは「株式会社」

会社には4つの種類がある

会社とは、会社法に基づいて設立された法人のことをいいます。会社の種類は、「株式会社」「合同会社」「合名会社」「合資会社」の４つがあります。本書においては、最もポピュラーな株式会社を作ることを前提に話を進めていきます。

●株式会社

メリット	デメリット
・一般的な認知度が高い ・取締役は１名でもよい	・定款の認証が必要

●合同会社

メリット	デメリット
・設立の際のコストが安い ・社員は１名でもよい	・新しい組織形態なので認知度が低い ・「代表取締役」の肩書が使えない

●合名会社

メリット	デメリット
・設立の際のコストが安い ・社員は１名でもよい	・無限責任である ・イメージがレトロである

●合資会社

メリット	デメリット
・設立の際のコストが安い	・社員は２名以上（無限責任社員１名・有限責任社員１名）でなければならない ・無限責任社員は無限責任である ・イメージがレトロである

会社の種類と主な特徴

会社法で定められた4つの種類の会社の主な特徴を下表にまとめてみました。株式会社以外は、定款の作成は必要ですが、公証役場で定款の認証をする必要がありません。したがって、公証役場に支払う認証費用が不要です。また、設立の際の登録免許税も株式会社より安くなっています。設立の際のコストの安さでは、この3形態の法人に軍配が上がります。

しかし、一般的なイメージでは株式会社の認知度が高いことや、平成18年5月1日以降、会社法の施行により設立がしやすくなったことから、株式会社を選択する人が多くなっています(30ページ参照)。

	株式会社	合同会社	合名会社	合資会社
出資者の数	1名以上	1名以上	1名以上	2名以上
出資者の呼称	株主	社員	社員	無限責任社員 有限責任社員
最低資本金額	1円以上	1円以上	規定なし	規定なし
出資者の責任範囲	出資金の範囲以内	出資金の範囲以内	出資金の範囲に関係なく責任を負う	無限責任社員は出資金の範囲に関係なく責任を負う、有限責任社員は出資金の範囲以内での責任を負う
損益配分	出資額に応じて配分	定款で定める	定款で定める	定款で定める
役員/経営者	取締役1名以上	業務執行社員	全員が経営者	無限責任社員が経営者
役員の任期	最長10年	規定なし	規定なし	規定なし
会社の代表者	代表取締役	代表社員	社員	無限責任社員
最高決定機関	株主総会	社員全員の同意	社員全員の同意	社員全員の同意
定款の認証	必要	不要	不要	不要
登録免許税	最低15万円	最低6万円	6万円	6万円
一般的なイメージ	会社といえば株式会社というイメージがあり、認知度が高い	新しい組織形態なので認知度が低い	株式に比べると認知度が低くレトロなイメージ	

設立しやすくなった株式会社

かつて株式会社を設立するには、資本金が最低でも1000万円必要で、取締役を3名、監査役は1名以上おかなければならないなど、高いハードルがたくさんありました。平成18年に会社法が新しくなり、最低資本金の規定がなくなり、資本金は1円から設立できるようになりました。また、取締役も1名でも良いことになり、株式会社の設立が簡単になりました。

Column 弁護士法人や税理士法人は会社と違うの？

近年、弁護士法人や税理士法人、社労士法人の名を聞くことが多くなってきました。これらの法人は、商法上の合名会社に準ずる特別法人といわれるもので、いわゆる会社とは性格が異なります。社員は士業に限定されており、無限責任を負います。

合同会社ってどうなの？

合同会社は平成18年の会社法改正により新しくできた会社形態です。

アメリカ合衆国各州の州法で認められるLLC（Limited Liability Company）をモデルとして導入されたもので、日本版LLCともいわれています。株式会社よりも設立費用が安いというメリットがあります。

ただし、世間的な認知度の低さや、代表者は「代表社員」であり、「代表取締役」と名乗れないなどのデメリットがあります。

合同会社と株主会社の詳しい比較は30ページで行います。

合名会社・合資会社は？

合名会社や合資会社は、資本金の制度が無く、トータルの設立費用を少なく抑えることができます。しかしながら、合名・合資会社の代表者は無限責任社員なので、万が一事業に失敗した時には、出資した額にかかわらず無限に責任を負うことになります。

株式会社を作ろう

会社法で規定されている会社は４つの種類があり、それぞれのメリット／デメリットがありますが、本書は新しく会社を作るのであれば、株式会社をお勧めします。

設立費用が他の３形態と比べると若干は高くなりますが、長く事業を営むことを考えると設立にかかるコストの数万円の差額は大した金額でないことがいずれわかると思います。

Column

社員は従業員のことではない!?

「社員」というと会社に所属している従業員のことだと思うのではないでしょうか？

しかし、法的な概念では、社員とは「社団の構成員」のことをいいます。株式会社の構成員は株主ですから、概念上では社員です！

通俗的に、会社と雇用契約を結んだ者を「社員」と呼んでいます。「会社の従業員」＝「社員」は、法律上は正しい表現ではありませんが、一般的によく使われているのです。

01-04 株式会社の特徴

株式会社とは

株式会社は、株主から資金を調達し、株主から委任を受けた経営者が事業を行い、利益を株主に配当する法人のことをいいます。ここでは、株式会社の特徴についてまとめてみました。

一般的な株式会社の特徴	オーナー社長の株式会社の注意点
・法人格を有している ・出資者は有限責任である ・株式は自由に売買できる ・経営と所有が分離されている	・株主としては有限責任だが、社長の個人名で連帯保証をしている場合は、その限りではない ・実は経営と所有が一体化している

株式会社は「法人格」を持っている

株式会社は「法人格」という法律上の人格があります。ここでいう「人格」とは、「権利を主張したり、義務を担ったりする主体」という意味で、法人格をもつ会社は、会社の名前で契約をしたり、資金を借りたり、事業を行うことができます。

法人格は一定の手続きを行うことによって認められ、株式会社の場合には、Chapter 5で解説する設立登記の手続きによって作ることができます。

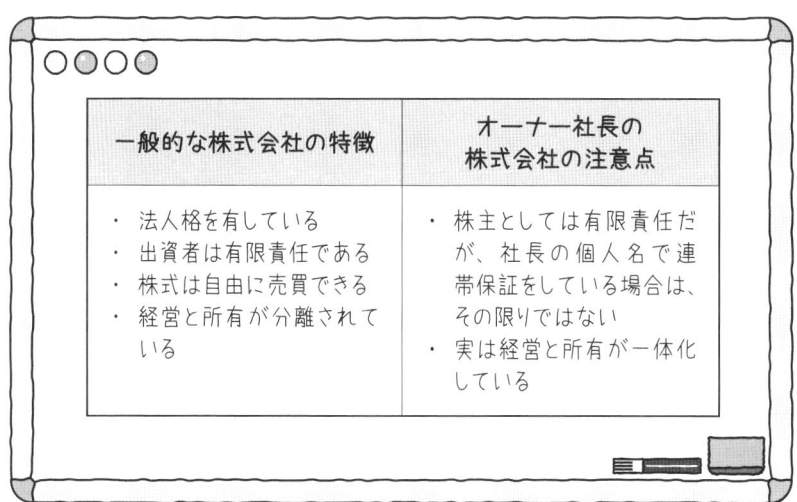

株式会社の出資者は有限責任である

株主とは、株式会社に出資を行う人のことです。株主は株式を購入するのに出資した金額以上の責任を負いません。万が一、会社が倒産した場合には、出資したお金は戻ってきませんが、会社が返せなくなった借入金の返済を迫られることもありません。これを「株主有限責任の原則」といいます。

株主には、株式会社の最上の議決機関である「株主総会」に出席する権利が与えられ、株式会社の重要な決定事項について出資した割合に応じた議決権を持ち、会社の意思決定に影響を及ぼすことができます。

株式は自由に売買できる

株主は、所有する株式を自由に譲渡することができます。これを「株式自由譲渡の原則」といいます。

中小企業の場合には、知らない人に株式を所有されてしまうと不都合が起こることもあります。そこで、会社法では例外として、株式に譲渡制限を設けることを認めています(101ページ参照)。

所有と経営の分離

株式会社では、会社を所有するのが株主で、会社を経営するのが株主総会によって選任された取締役(いわゆる経営者)になります。これを「所有と経営の分離」といいます。

大企業では、出資者である株主の数の方が多く、株主が経営をすることは非効率となり、経営についてはその専門家に任せた方が効率がよいということで、所有と経営の分離という制度がとられています。

しかし、所有と経営の分離は、株主が経営者となってはいけないことを意味するものではありません。中小企業では、株主が取締役となり経営に関与するケースが一般的ともいえます。オーナー社長の株式会社は、所有と経営が一体化しているのが実情です。

01-05 株式会社を運営する組織

株式会社の機関設計とは

株式会社の機関とは、「株主総会」「取締役」「取締役会」「監査役」等、会社を運営する組織のことをいいます。会社の規模や実態に適した機関を設計することができます。「株主総会」と「取締役」は必ず設置しなければなりませんが、他の機関は任意で設置することができます。

小規模な会社の機関設計パターン

株主総会＋取締役

自分１人で資本金を出資し、取締役に就任する場合はこのパターンになります。２人以上でも少人数で、家族や仲間など近い関係の方同士で会社を運営していく場合は、このパターンがおススメです。

株主総会＋取締役＋取締役会＋監査役

一般的な株式会社の機関設定のパターンです。重要な業務執行の決定は取締役会で行います。取締役会を設置するには、最低でも取締役３人、監査役１人が必要になります。

上記のそれぞれについて簡単に解説していきます。

株主総会

株式会社の所有者である株主による議決機関で、株式会社には、必ず設置が必要です。株主総会には、決算期ごとに開催される年に1度の定時総会と、必要に応じて随時開催される臨時総会があります。

取締役

最低1名以上が必要です。会社の業務執行を行う機関です。次に述べる取締役会を設置する場合は3名以上必要です。

取締役会

3人以上の取締役によって構成され、代表取締役の選任をはじめ重要な業務について意思決定を行う機関です。株式譲渡制限会社では設置しなくてもかまいません。

監査役

取締役の職務執行や会社の会計を監査する機関です。株式譲渡制限会社では設置しなくてもかまいません。

Column

取締役・監査役の任期

原則として、取締役は2年・監査役は4年の任期ですが、定款で定めていれば最大10年まで伸ばすことが可能です。

01-06 株式会社と合同会社のどちらを作るべきか

「小さな会社」は株式会社と合同会社のどちらが得か

22ページでは設立する会社の種類として株式会社をおすすめしましたが、小規模の会社に適した会社の形態としてはもう1つ「合同会社」があります。ここでは、株式会社と合同会社のどちらを選択すべきかを考えることにします。

株式会社、合同会社の設立数の現状

平成18年の会社法施行から、小さな会社の受け皿となっていた有限会社を新規に作ることが認められなくなり、以降は会社を作るなら、株式会社か合同会社のいずれかが一般的な選択肢となっています。

まず、平成18年度以降の設立登記の統計数値は以下の通りとなっています。

株式会社、合同会社などの設立件数の推移

（単位：件）

	平成18年度	平成19年度	平成20年度	平成21年度	平成22年度	平成23年度	平成24年度
株式会社	76,570	95,363	86,222	79,902	80,535	80,244	80,862
合同会社	3,392	6,076	5,413	5,771	7,153	9,130	10,889
合名・合資	1,087	542	462	343	228	290	191
合計	81,049	101,981	92,097	86,016	87,916	89,664	91,942
株式会社	94.5%	93.5%	93.6%	92.9%	91.6%	89.5%	87.9%
合同会社	4.2%	6.0%	5.9%	6.7%	8.1%	10.2%	11.8%
合名・合資	1.3%	0.5%	0.5%	0.4%	0.3%	0.3%	0.2%

※　上記には外国法人、一般社団、相互会社などの数は含めていません。
※　法務省、登記統計　統計表　週類別登記件数より抜粋・作表。

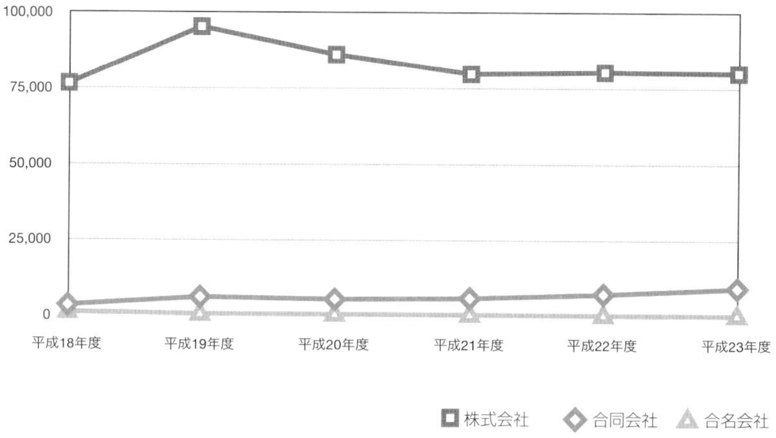

この表を見るとわかるように、平成 23 年頃から合同会社の設立が増えてきていて、平成 24 年度には年間 1 万件を超える設立がされています。この件数を多いと見るか少ないと見るかは意見の分かれるところですが、1 年間の全設立件数に占める割合では、やっと 12%弱と、制度的に小規模な事業者の利用が期待されたほどにはなされていない、というのが実感です。

株式会社と合同会社の特徴の比較

合同会社のメリット、デメリットをおおまかに書けば、次のようになります。

合同会社のメリット

- 株式会社と同じく有限責任で、自分 1 人で設立できる
- 設立時に定款認証が不要で、時間と費用が少なく済む
- 定款での柔軟な組織が可能、株主総会も不要
- 社員は出資者と役員を兼ねる「1 人 1 票」で意思決定が早い
- 役員の任期を定める必要がなく、役員変更登記が不要
- 出資金の比率以外の比率で、配当金を決められる
- 債権者の閲覧、謄本請求を除き、決算公告の義務がない

○○○○

合同会社のデメリット

- 小規模で非公開の閉ざされた会社とのイメージは否めない
- 「合同会社」自体がまだ、一般的に認知度が低い
- 「1人1票」は対立すると収拾がつかなくなる
- 「代表取締役社長」とは名乗れず、「代表社員」となる
- 増資もできず株式会社ではないので上場もできない
- 株式会社にもなれるが、結局 10 万円前後の費用がかかる

メリット／デメリットから見て、どんな人が合同会社に向いているかと言えば、少人数の家族または結びつきの強いチームで、限定的な商売または短期間の商売をされる場合で、表立って拡大をせず、資金も外部から調達の必要がないようなときに向いていると言えます。

裏返せば、仕事を発展させ、社員の採用もし、ある程度は拡大思考であるならば株式会社を作っておくのが得策、と言えるかもしれません。

最近、それでも合同会社の設立数が増えた背景には「簡単で安くできる」をうたい文句にした設立支援のサイトが増えたことが影響しているのかもしれませんが、実際には会社として一定の成長をしたときには合同会社の枠組みが使いづらくなってしまい、そこから株式会社に移行するときには安く済んだはずの費用の他に、会社名を刷り込んだものすべてを変更する費用などがかかり、結局、高くついてしまいます。

本書で、作る会社の種類を「株式会社」に限ったのもこのような理由からで、合同会社を利用するほうが明確に得になるケースはかなりの少数派であると考えます。なお、最近、外資系を中心とする有名企業の日本法人で合同会社を利用するケースが増えているのは、上記のメリットのうち、株主総会が不要であることなどから意思決定のスピードが早くできることなどが評価される特殊な事情と考えて良いでしょう。

01-07 いつ設立したら正解なのか?

会社を作るベストなタイミングは?

会社の設立のベストなタイミングについては、18ページにも書いたように正解といえるような答えはありません。

ただし、考え方として、会社の設立はゴールではなくスタートであり、単に設立登記の完了は「箱」ができたに過ぎません。いうなれば、箱は「事前に準備」しておいても置き場所に困らない限りは、会社を作るタイミングは早いことに問題はなく、むしろ必要になったときに慌てるよりは、少し早めに設立をしておいたほうが良い、と言えるかもしれません。

会社を作るのを待ったタイミングの代表例

会社の中身を本当に「作る」のは、設立登記が終わってからです。そうは言ってもいくつか気を付けておくような場合があるので具体的なケースをあげておきましょう。

1. 事務所の引っ越しを検討中など、近いうちに登記する項目に変更が見込まれる場合

現在の住まいや事務所の引っ越しを考えている場合や立退きの話が出ている場合など、本店として登記する住所が変更になることが明らかならば、実際に住所を変更した後の設立が得策です。

本店移転をしたときには、登記の変更が必要で、会社設立後に早々と本店移転をするのでは、登記費用がかかるばかりではなく、登記簿謄本にその履歴が残り、不安定な会社にさえ見えてしまいます。

2. 女性で結婚や離婚により名字が変わる日が近い場合

女性の結婚や離婚は、それ自体はもちろん悪いことではありませんが、そ

のような異動が近々に見込まれているのであれば、結婚後や離婚後に設立するほうがよいかもしれません。

会社設立をしてから、そのような事態になれば、結果として自分のプライベートな事項をわざわざ公開されている登記簿謄本に年月日付きでさらすことになってしまうからです。

結婚しても、仕事上では旧姓を名乗り続ける女性は沢山いますが、設立登記では、印鑑証明書が必要となるので戸籍通りの名前で登記することが必要です。

そのため、「近々に結婚や離婚で名字が変わってしまう事態が見込まれるのであれば、その行く末が決まってから会社を設立する」という結論は1.と同じだと思います。

3. 重要なプロジェクトなど難しい契約交渉が進行中の場合など

大きな仕事や、多くの会社や人が関わるプロジェクトなどの契約に向けての交渉中や、契約内容をお互いにすでにやり取りをして検討しているような場合には、注意が必要です。

契約主体が個人か法人かで、契約名義だけではなく契約内容にも影響がでる場合もあり、その進捗によっては、会社設立の予定があることを伝えるか、この仕事を個人で完遂するかの判断が必要となります。

Chapter 02
株式会社を作った人のケーススタディ

2-01 ケーススタディに見る会社を作る目的とメリット

実例に学ぶ、会社を作る目的とメリット

この本を手に取ったみなさんは、すでに「会社を作る」ことを決めているのかもしれませんが、その決意をするに至るきっかけや経緯はどのようなものであったのでしょうか。

たとえば、「そろそろ会社にしたらどう？」との先輩からのアドバイスがきっかけであれば、その先輩がどれ程みなさんのお仕事や置かれた状況をわかっていてそう言ったのでしょうか。「本当にそれで良いのか」と、不安を感じるのが普通です。

そのような不安に対する少しでも支えとなるように、ここでは、実際にさまざまな立場から株式会社を作った人たちの「きっかけ」と設立までの「経緯」を、そしてその人たちの「期待を超えた効果」も併せて見ていくことにします。すべての人たちがうまく行くわけではありせんが、さまざまな成功の形を見ることは、きっとみなさんのお役にたつはずです。

なお、これらのケースは、実話を基礎として守秘義務の関係で名前、置かれた立場などの設定、職種などを変えて若干の脚色をしています。

2-02 ケース1―事務所経費のコストダウンを目的とした会社設立

○○○○

スタイリストのAkioさんとヘアーメイクのBettyさんの場合

2人のフリーランスが、コストを下げるためにオフィスをシェアしたことをきっかけに一緒に会社を設立。

【会社に期待した効果】コストダウン

2人のフリーランスのシェアオフィスのための会社

スタイリストのAkioさんとヘアーメイクのBettyさんの2人は、雑誌の仕事を縁に親しくなって話すうちに意気投合し、オフィスをシェアすることにしました。2人ならば都心の南青山にオフィスを借りることができ、しかも家賃の負担は前よりも安く済むことから決めたシェアオフィスでした。

しばらくして、そこから一歩進んで、賃貸契約の名義や、費用分担を簡単にするために2人の仕事を束ねる株式会社を作ることになりました。

これまでそれぞれフリーランスとして活躍し、それぞれ確定申告をしていた2人でしたから、対等な関係であり続けたいと話した結果、2人の名前を繋げた「株式会社オフィスAB」を作って、50%ずつ出資することにしたのです。

コストダウンだけでなく一括受注など営業面の強化も

期待通りの効果

- 事務所経費の削減

期待を超えて得られた効果

- 仕事受注の相乗効果
- 仕事の上での交渉などの相互補完
- プライベートでも…は嬉しい副産物

事務所経費の削減については、打ち合わせスペース、電話回線、コピー機、その他の事務用品など、シェアできるものはたくさんあり、目論見通りの効果を得ることができました。しかし、もっと大きな効果は他にもありました。

Akioさんと Bettyさんがオフィスシェアを進展させて、「株式会社オフィスAB」を作ってからの仕事は「1+1=2」ではなく、「1+1=3」や「1+1=4」と言ってよいほどの量と質になりました。これまで、それぞれ単独であれば、畑違いだから他の人に回っていた仕事がそのまま２人の仕事となり、２人が一緒にやっていることの周知がはかられるほどに、２人の会社に依頼されるようになってきました。

また、得意先に対して、自分だけでは言いづらかったお金の話も、お互いに相手のマネージャーのような立場でカバーし合えるようになりました。これも、個人事業主同士のままでは遠慮があったのが、１つの会社を一緒に経営をする同志として意識が育ったからでしょう。お仕事とは違いますがもう１つの予想外の効果は、お２人がプライベートでもパートナーとなったことでした。

2-03 ケース2―営業面での信用を得るための会社設立

学生サークルのリーダー、Chikaさんの場合

サークル活動が高じて、自らの就職場所を作ってしまった!?

【会社に期待した効果】会社としての信用の創出

個人での活動に限界を感じて会社化を目指す

スキューバーやスノーボードなどスポーツイベントを楽しむ学生サークルのリーダーをしていたChikaさん、毎回、凝りに凝った企画が受けて、着実に参加者が増えていきました。

しかし、参加者が増えた結果、宿泊やレジャー施設との交渉自体も大がかりになり、また、参加費の徴収などで扱う金額も多くなってきました。大人数の予約を自分の個人名で行っていることもあり、施設側から前金での振込を要求されることなども増え、このまま個人で事業を続けていくことにマイナス面も大きくなってきました。

大学３年生の夏、就職活動を目前にして、Chikaさんは学生向けのスポーツイベントツアーの企画を自分の仕事として続けて行くことを決意して、株式会社を作ることにしました。卒業もしないうちの起業を心配する父親を「役員になってください」と巻き込むことで説得しました。

目論見通りに法人扱いの支払いサイトの固定に成功

期待通りの効果

・支払いを法人の支払いサイト（後払い）で固定することができた

期待を超えて得られた効果

・好きな仕事の就職先を自ら作ることができた
・将来の夢を築くプラットフォームを持てた
・レジャーのサークルから仕事への分岐点となった

Chikaさんは、会社にしてからも１年半ほどは学生としての立場で、「株式会社を作ったこと」「自らの仕事として今後も行っていくこと」を、自分が通う学校以外のスポーツイベントの学生サークルの横のつながりや後輩たち、そして卒業生たちのコネクションを通じて広く伝えて回りました。

また、懸案の１つであった、施設の契約や支払いについても、個人扱いされることがなくなり、法人での決済として扱われるようになりました。

そう考えれば、これまで主催イベントの参加者を募っていた他の大学の学生サークルのリーダーたちも社員候補に見えてきます。彼らはそれぞれサークルの中で、後輩たちを束ねることに慣れていて、添乗員的なこの仕事の経験者人材としては宝の山です。しかも、毎年、次の年次の後輩がリーダーに名乗りをあげてくるので、彼らを採用し続けることもできるかもしれないと思うと、Chikaさんにとっては、当面の課題は、しっかり仕事を取ること、になりそうです。

2-04 ケース3—開店資金の調達のために出資者を株主に

○○○○

和食の板前、Dateさんの場合

条件の良い物件が目の前にきたものの、足りない開業資金。お金を借りずに出資をしてもらうために設立。

【会社に期待した効果】開業資金の調達

出資者を株主にして開店資金を調達

Dateさんは和食の板前になってすでに7年、親方からもようやく一人前と認めてもらえるようになってきたある日、親方から「ほとんど手を入れずに使える店の出物がある、おまえ、やってみないか？」という話がありました。Dateさんはチャレンジしてみたいと思いましたが、次の瞬間に必要となるのが開業資金です。

内装の変更にお金がそれほどかからない居抜きの物件でしたが、賃貸の保証金や食器の購入、仕入の資金など最低でも500万円程度は必要です。貯金をかき集めても200万円程度であることを、親方へ正直に話すと「おまえ、会社を作れ。残りの300万円はオレが出資してやる。儲かってきたら、オレの株を買い取ればいい」といいます。

Dateさんは、武者震いしながらも、ありがたく親方の申し出を受けることにしました。

利息や返済の要らない資金が得られる

○○○○

期待通りの効果

・出資という形の利息や返済の要らない資金を得ることができた

期待を超えて得られた効果

・ただ「出資比率の多い方がオーナー」は見落としていた事
・徐々に株を買い取らせてもらい、将来は名実ともに自分の会社に

Date さんのお店がオープンしてからも、親方は何かとアドバイスをくれています。板前としては一人前とは言っても、経営者としては１年生であるDate さんにとっては神様のような存在です。

ただ、この神様は、厳しさも一線級でDate さんが相談にうかがう度に、板前一年生の頃を思い出すような日々となっています。

ある時に「出資はおまえよりオレの方が多いんだから、あんまりボケたことしているとクビにするぞ」と厳しく言われたこともありました。Date さんは、500 万円のうち300 万円の出資をしてもらったということが、そういう力関係になるとは思っていませんでした。親方は毎年、100 万円ずつ買い取れ、と言っていて、乗っ取る気などないのでしょうが、早くしっかりとした経営をしろ、との親心なのでしょう、身が引き締まる思いで３年間を過ごしました。

2-05　ケース4―勤めと奉仕活動の両立のための会社設立

サラリーマンのEijiroさんの場合

アルバイト禁止の会社勤め、週末だけの社会起業家の受け皿？

【会社に期待した効果】勤めと奉仕活動の両立

ボランティア活動の資金集めのための会社を設立

大手商社に勤めるEijiroさんが、身体や知的障害のある子供たちに対して「ホースセラピー」とよばれるボランティアを始めたのは友人から頼まれてのことでした。当初は、学生時代に部活で培った乗馬の経験を活かして、たまに手伝うだけでしたが、気が付けば主催者になっていて、今では馬場や馬の手配から広報誌の作成まで行うようになっています。

ホースセラピーでは、実費プラスα程度の参加費を取っていましたが、Eijiroさんの懇切丁寧な指導が評判となり、参加者も増え続け、参加者が予定した催行人数を超えると利益が出てしまうことがありました。あくまでもボランティアとしての活動なので、Eijiroさんは参加費の値下げも考えましたが、たまに体調が悪い子供たちのキャンセルが多く出る回もあり、そんなときには自腹をきることもあるので、今ひとつ決断できない状況でした。

また、参加者が増えてくるにつれて学生ボランティアも必要となり、学生たちに出す弁当代などもバカにならない金額になってきました。

これらの費用をまかなうために、ホースセラピーの前後の時間を使って、有料の乗馬教室を行い、その収入でホースセラピーの経費をまかなうようにしたいのですが、「その収入は副収入になり、勤め先の規則に反するのでは？」と真面目なEijiroさんは悩みました。

最終的には、奥さんを社長として、Eijiroさんはホースセラピーと乗馬教室を行う株式会社を設立することにしました。ボランティアの活動を営利追求の株式会社で運営することについてEijiroさんも少し抵抗があったのですが、最近では「浮いた利益を追うためではなく、この活動を継続するためには最低限の利益をあげることが必要だ」と考えています。

ボランティア活動を資金面・組織面でささえる

○○○○

期待通りの効果

- ボランティア活動のための資金を営利で稼げるようになった

期待を超えて得られた効果

- 勤めを続けながらも、活動を続けられる受け皿ができた
- 対外的にも、家庭内でも、前向きに会社を活かせるように

会社設立後もEijiroさんは相変わらずボランティアでホースセラピーを行っていますが、活動の資金収支は会社で管理できることになり、お金の状況がわかりやすくなりました。また、個人名でホースセラピーを催しているときに比べると、参加者の方々もけじめがつくようで、ドタキャンの比率は大きく減少しました。

それ以上に大きな収穫は、「名ばかりの社長」だった奥さんが、さまざまな障害を抱える参加者たちを理解するための勉強を始め、介護やヘルパーなどの資格にもチャレンジして、名実ともに社長らしくなったことです。

Eijiroさんは、定年までは商社勤めを継続するつもりでしたが、奥さんと一緒に、この仕事に専念することも良いかなぁと、考えだしています。

2-06 ケース5─本業から出たニーズを別会社で対応

税理士のFurutaさんの場合

士業は続けながら、株式会社「も」作って仕事の幅を拡げる！

【会社に期待した効果】現状で対応できないお客様のニーズに応える

本業とは別のサービスを提供するために会社を設立

税理士のFurutaさんは、前々から顧問先である小さな会社や個人事業主から、「経理の人を紹介してください」「どなたか事務のアルバイトしていただける方はいませんか、週に1日でいいのです」などと依頼を受けることが多くありました。

しかし、経理的な能力のある人を、小さな会社で雇える金額の給料で探すことは難しく、ましてや週に1回のバイトの人探しは困難でした。さりとて自分の事務所で業務として請け負うと、顧問報酬の他に、その分の報酬をいただくことに顧問先からの抵抗がありそうで、二の足を踏んでいました。

そんな話がいくつか重なったときに、Furutaさんは自分で事務、経理の仕事を請け負う株式会社の設立を思いたちました。税理士事務所としての仕事は続けていくが、経理の人材を週に1回ないしは2回顧問先へ派遣して事務作業を請け負う、株式会社を作ることとしました。

正社員として活用しづらい勤務体系の社員を別会社で活用

○○○○

期待通りの効果

・お客様のニーズに応えて、かつ新しい業務分野が拓けた

期待を超えて得られた効果

・会社での採用によって、人的な採用の幅が拡がった
・自分も厚生年金に入ることができた

Furutaさんは、当初、派遣業を営むことを考えていましたが、派遣業を行うにはいろいろと法律の規定があってすぐには難しいため、経理・事務作業の請負としてスタートしました。

会社で請け負った仕事をこなすのは、正社員ではなく、「週に2日間、午前10時からなら」と働く時間に制限がある主婦が中心です。経理・事務能力を持っていても、これらの人たちは税理士事務所では、採用しにくかったのです。

予想を超えた副産物としては、個人の税理士事務所でやっている限り、事業主である自分だけが入れなかった厚生年金を会社からの給料に対して設定して、かけることができるようになったことです。

2-07 ケース6—急激な収入増に対応する節税の会社を設立

主婦ブロガーのGaakoさんの場合

趣味のブログから生まれた料理レシピは金の卵!?

【会社に期待した効果】収入急増の節税対策

収入が急増して税金が気になり会社を作る

主婦Gaakoさんのブログは日々の溜息混じりのつぶやきから始まりました。しかし、独特の世界観を持つブログは日に日に人気が出て、主婦にとどまらず働く母たちの間でも大人気です。最もPVが跳ね上がるのが、Gaakoさんの安くて手軽で美味しいレシピが紹介されるときでした。

その人気に目を付けた食品メーカーから、「あなたのレシピを商品化しませんか？」との話が舞い込みました。メーカーとってもすでにテストマーケティングが終わっている状態に近い人気レシピだけに、話はとんとん拍子で進み、Gaakoさんが驚くほどの大金が、その商品が売れる度に入金されだしました。

そんな話を聞いた親しい友人から「税金、大丈夫？」と言われて我に返ったGaakoさん。意を決して株式会社を作り、主婦ブロガー社長が誕生しました。

家族へのアルバイト代や事業分の家賃の支払いが可能になる

期待通りの効果

- 個人事業主から会社役員になって、大きな節税効果が得られた

期待を超えて得られた効果

- 家族に対して相応の給料、家賃が支払えるようになった
- 新たな仕事・出版のキッカケまで得られた

会社を作ったことによる最も大きな効果は、給与所得控除が使えるようになったことです。その他にも、同居している娘夫婦に手伝ってもらった分をアルバイト代として支払い、自宅のうち仕事に使っている部分について、夫に家賃を支払うことまでできるようになりました。

今までは、夫にだけかけていた生命保険を、自分にも、しかも会社で支払ってかけることができたりした驚きを、ブログに書いていたら、「Gaakoさん、会社を作った体験を本にまとめませんか？」との引き合いがあったことも副産物の１つかもしれません。

2-08 ケース7—定年前の退職後の仕事の受け皿として会社を設立

出版社のベテラン編集者だったHaruoさんの場合

定年を待たず、早期退職制度に乗って株式会社を作った

【会社に期待した効果】脱サラの受け皿として

早期退職制度を利用して会社を設立

長年、中堅出版社で児童向け教育雑誌を担当していたHaruoさん、定年が近づいて、その後の人生の過ごし方を考えていて、悠々自適であっても物見遊山で過ごすには長すぎると感じていました。

たまたま帰国子女で英語が堪能な奥さんの関係で、周囲に同様の友人や外国人が多かったため、塾などにネイティブスピーカーを派遣する仕事を思いつき、早期退職制度に応募して得た退職金を元手に株式会社を作りました。児童教育の現状や、教育機関には知人も多かったのもきっかけとなりました。

事業化して多言語のニーズなどにも対応が可能に

期待通りの効果

- 定年近くから新たな人生をスタートできた

期待を超えて得られた効果

- 講師と教育機関双方の人脈を活かすことができた
- 会社で行うことで、仕事としての立ち位置が確実に

事業を始めてみると、英語を話す人たちは奥さんの関係者からのつながりでいくらでも手配ができ、自分が関わってきた著者さんや教育機関の人たちからの話で講師を受け入れる所も多数できました。特に、グローバル化が叫ばれる昨今、ネイティブスピーカーの英語に触れることを早くから、との空気が追い風となったのです。

Haruoさんは、自分では年金までのつなぎくらいのつもりで始めた会社でしたが、てんてこ舞いの忙しさになりました。個人でやっていれば、単に「口利き」で「ありがとう」と言われて終わってしまったかもしれないことが、会社を作ったことで、事業的になり収入もしっかりと得ることができるようになりました。

特に予想外だったのは、「中国語の堪能な人はいないのか？」「フランス語の先生も紹介してほしい」などと扱う言語が広がり、学ぶ側の対象年齢も広がってきたことです。とても引退などとは言えない状態になってしまったのは大きな誤算でした。

2-09 ケース8―法人の振り込みへの変更で源泉徴収なしの収入に

ミュージシャンのIkuzoさんの場合

ロックバンドのリーダーを社長にしたのは「源泉徴収制度」？

【会社に期待した効果】

源泉税を差し引かれないための会社設立

会社を通すことにより源泉の二重取りを防ぐ

仲間4人とロックバンド「Everbody Knows」の活動を続けてきたIkuzoさん。都内のライブハウスの出演やサイトを通じた楽曲の公開などが実を結び、最近やっと人気が上向いてきました。人気が出てきて忙しくなってきたのは良かったのですが、困った問題も発生しています。

それは、ライブハウスやロックフェスティバルの出演料が、バンドリーダー・代表であるIkuzoさん宛てに支払者から一括で振り込まれ、さらにそれをIkuzoさんが各メンバーに振り込まなければならない点にありました。手間的に面倒なだけでなく、主催者からIkuzoさん宛てに振り込まれたときに源泉所得税が引かれた出演料を、さらにIkuzoさんから他のバンドメンバーへギャラを支払うときにも源泉所得税を差し引くため、実質の手取り額が減ってしまうことでした。

友人のミュージシャンから「会社にすれば源泉されないよ」と教えてもらったIkuzoさんは株式会社を作ることにしました。あまり考えずに勢いだけで話を進めてしまいましたが、「代表取締役」と書いた名刺は、案外カッコよくて気に入ったIkuzoさんでした。

資金繰りが改善し資金のストックも可能になる

期待通りの効果

- 入金での源泉徴収がなくなって、資金繰りは楽に

期待を超えて得られた効果

- マネージメント料徴収で全員のコストをまかなえるように
- ミュージシャン以外の立場を得られた

ロックバンド「Everbody Knows」の活動で、ロックフェスティバルの出演料などで、例えば50万円のギャラでも、手取りは10.21%引きで448,950円になり、それを頭割りして残りの4人に支払う時には、10万円ずつ4人に支払えば40万円（各人の手取りは89,790円だが源泉税を加えれば10万円）で、自分の手元に残るのは、僅かに48,950円になってしまう形でしたが、会社を作ったことで、そのまま50万円が支払われるようになり、資金繰りはかなり楽になりました。

加えて、メンバーたちと相談して、マネージメント料を15%、会社に支払う（天引きなので残す形）ことにしたため、それまでは常に機材や費用で必要になるたびに全員からかき集めていたものが、会社にストックしていた資金で負担できるようになり、手間や行き違いなどがなくなりました。

イベントの主催者などと出演交渉をするのは今までと変わらずIkuzoさんなのですが、「ミュージシャンのIkuzoと、会社の社長としてのIkuzoを別人格として使い分けられるようなって、ギャラの交渉とかがしやすくなった」とIkuzoさんは話します。

Ikuzoさんに限らず、自らの仕事を客観視できるのは経済的なメリットではありませんが、会社化した人の多くから聞かれる効用の1つです。

02-10 ケース9―「下請の下請け」からの脱却を目指して

設備工事業、Junichiさんの場合

一人親方で、下請の下請けとして仕事をしているが、そこから脱却して、職人も雇いたくて会社設立

【会社に期待した効果】

元請から直接の工事請負い、人材採用

元請との取引口座を持ちたい

いわゆる一人親方として水道工事などを請け負うJunichiさんは、高齢化が進む工事現場では目立つほどの若手です。仕事の手早さや、新しい技術の飲み込みも早く、さまざまな現場監督さんからは重宝されていましたが、一人親方では入れない現場が最近は増えて来ていて、先輩が社長になっている小さな会社の下請け、として働かざるを得ない場合が増えていました。

ある日、元請の現場監督さんから「ウチに取引の口座もてるように上に言ってやるから、株式会社設立したらどうかな」と会社の設立を勧められました。元請との間に1社入れば、その分、自分のもらえる単価が下がるのはわかっていましたから、魅力的な話には違いありません。しかし、同じ立場の一人親方や、すでに会社にした仲間などに話を聞いてみて、躊躇したのは、会社にすれば労働保険、社会保険などの義務が生じることになり、その費用負担は軽くはないことなどでした。

あきらめかけている時に、弟分の職人が「会社にするならJunさんの所の社員にしてよ」と、言ってきました。会社にすれば責任も生じるに違いあり

ませんが、自分一人の仕事ではたかがしれている、もう少し大きな仕事をしたいと前々から思っていましたので、Junichiさんは踏ん切りをつけて設立の手続きを始めました。

取引口座の開設や人材採用にプラス

期待通りの効果

・元請に取引口座ができて、仕事の単価上昇、情報も直接に

期待を超えて得られた効果

・社会保険の負担は軽くはないが、職人を社員として採用できた
・1人の時よりは大きな仕事を請け負えるような体制が作れた

同じ元請の現場に入っていても、直接、仕事を請け負うことで仕事の単価が上がっただけではなく、さまざまな場面での情報が直接来ることも、新しい技術などにも敏感なJunichiさんには嬉しい点でした。以前なら、元請との間に入っていた先輩の判断で伝えてもらえなかった、現場ごとの新たな取り組みや注意事項、工法の資料なども手に入るようになって、これらを現場に活かせるようになり、なお現場での評判はあがりました。

知人から紹介したもらった社会保険労務士から、必要な手続きなどや保険料の概算額を聞いて、少し怯みましたが、胸に自分の会社名のネームをつけた社員に対する責任の重さを考えれば、当然であるとJunichiさんは前を向きました。

Chapter 03

個人事業主と比較した株式会社のメリット／デメリット

03-01 会社と個人でかかる税金の違い

会社と個人とではかかる税金が変わってきます。個人事業主で会社を作る人の多くが節税を目的としています。会社を作ることによって節税が可能になるのは、個人と会社でかかる税金の種類や仕組みが異なっているのが理由の１つです。ここでは個々の税金の話に入る前に、個人と会社にかかる税金の概要を見ていくことにします。

個人にかかる税金の種類は、国税では「所得税」、消費税の課税事業者であれば「消費税」があります。地方税では「住民税」、そしてある程度の事業所得がある場合には「個人事業税」がかかります。

会社にかかる税金の種類は、国税では「法人税」、課税事業者であれば「消費税」があります。地方税では、「道府県民税・市町村民税」（法人税割と均等割の合計額）、「事業税」などがあります。

会社の税金の種類	個人事業主の税金の種類
・法人税 ・消費税 ・（法人）事業税 ・（法人）道府県民税 ・（法人）市民税	・所得税 ・消費税 ・（個人）事業税 ・（個人）道府県民税 ・（個人）市民税

個人の税金～所得税について～

所得税は、個人の所得に対してかかる税金です。個人の所得はいくつかの種類に分けられますが、個人事業主の所得は「事業所得」、サラリーマンの所得は「給与所得」と呼ばれます。事業所得と給与所得は下記のように計算します。

- 事業所得（個人事業主の所得）＝事業収入－必要経費
- 給与所得（サラリーマンの所得）
  ＝給与収入－給与所得控除額

本書の読者の多くは、個人事業主として所得税の確定申告を何年も経験されていると思われるので、いまさら個人の税金の話は必要ないと思うかもしれませんが、ここでは簡単に個人の税金「所得税」についても説明します。

所得税は1年間の個人の所得に対して課される税金です。売上や受取手数料などの事業収入から仕入や家賃・消耗品費などの必要経費を差引いたいわゆる「儲け」は白色申告の収支計算書や青色申告決算書で表されます。この儲けのことを「事業所得」といいます。

事業所得と他に給与所得や雑所得などがあればそれらも合算して合計所得金額を算出します（土地・建物、株式等を売却した時は別に計算します。これを分離課税といいますが、本書では解説を割愛しています）。

合計所得金額から差し引くことのできる基礎控除や社会保険料控除といった種々の所得控除額を差引いて、課税所得金額といわれる所得税の課税対象になる金額を算出します。

課税所得金額に対して所得税率をかけて所得税を算定します。所得税率は課税所得金額の大きさによって税率が変わってきます。例えば課税所得金額が195万円までであれば最少税率の5%、1800万円超であれば最大税率の40%を乗じて279万6000円を控除します。所得税は累進課税制度を採用しています。

つまり儲けが多くなればなるほど、所得税率が段階的に上がり、負担する所得税の金額が大きくなります。事業所得が大きくなって以前よりも税率が高くなる見込みであるとき、実際に所得税が高くなったと感じたら、会社を作ることを考える時期に差し掛かったと考えて差し支えありません。

会社の税金～法人税について～

- 会計上の利益　＝　収益－費用
- 法人税の課税所得　＝　益金－損金
  （会計上の利益から税金上の調整をして課税所得を導き出します）
- 法人税　＝　法人税の課税所得×税率

会社の場合は、1事業年度の儲けに対して、法人税が課されます。会計上では、「収益－費用」で儲けを計算します。プラスであれば利益となり、マイナスであれば損失となります。

法人税は会計上で計算した利益・損失を基にして、税金上経費とならないものを加算したり（このことを損金不算入といいます）、税金上収益にしなければならないものを加算したり（益金算入といいます）、会計上では費用としていなかったものを税金上では経費として減算したり（損金算入といいます）、会計上収益としていたものを税金上では収益とせず減算したり（益金不算入といいます）と諸々の調整をして課税所得を計算します。したがって、会計上の利益と税務上の課税所得は一致しないことの方が多いのです。

課税所得のうち800万円までは15％の税率、800万円超から25.5％の税率が課されます。

事業者の税金～消費税について～

（本則課税）

消費税納付額 ＝ 課税売上げに係る消費税額
－ 課税仕入れ等に係る消費税額

（簡易課税）

消費税納付額 ＝ 課税売上げに係る消費税額
－ 課税売上げに係る消費税額
× みなし仕入率

個人事業主や会社は事業を営んでいるので消費税を納める義務があります（免税事業者を除く）。個人事業主と会社とで消費税の計算の仕方に違いはありません。

基準期間の課税売上高が5000万円以下であれば、本則課税か簡易課税か選択することができます。業種や課税仕入の大きさ如何によっては節税の対象となります。

会社が個人事業主に比べてより節税できる理由

会社の経営者は会社としてかかる税金のほかに、経営者個人にかかる税金を総合的に考える必要があります。「会社を作ると、個人事業主より節税が可能になる」とよく言われますが、これは大まかに言って次のようなカラクリになっています。

・個人事業主の所得税

事業所得（個人事業主の所得）＝事業収入－必要経費

・会社の経営者の所得税

役員報酬収入（会社の利益）＝事業収入－必要経費
役員報酬＝役員報酬収入－給与所得控除額

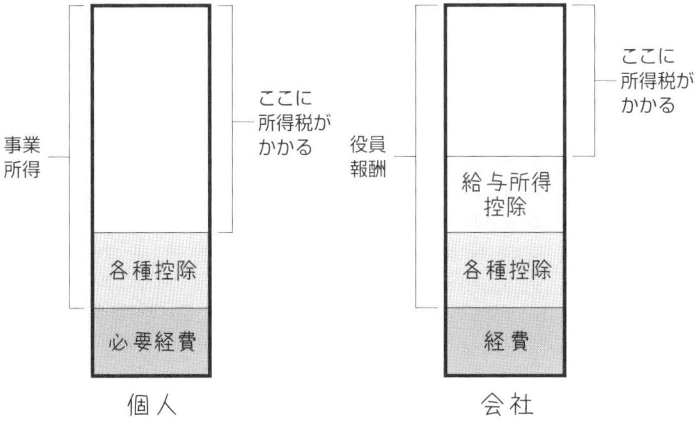

上記の図を見るとわかるように、個人事業主のときは事業収入から必要経費を差し引いた事業所得に対して所得税がかかるのに対して、会社では事業収入から必要経費を差し引いた利益をそのまま給与とすることにより、さらに「給与所得控除」を引いた額に所得税がかかることになります。つまり、「給与所得控除」の分だけ節税が可能になるというわけです。

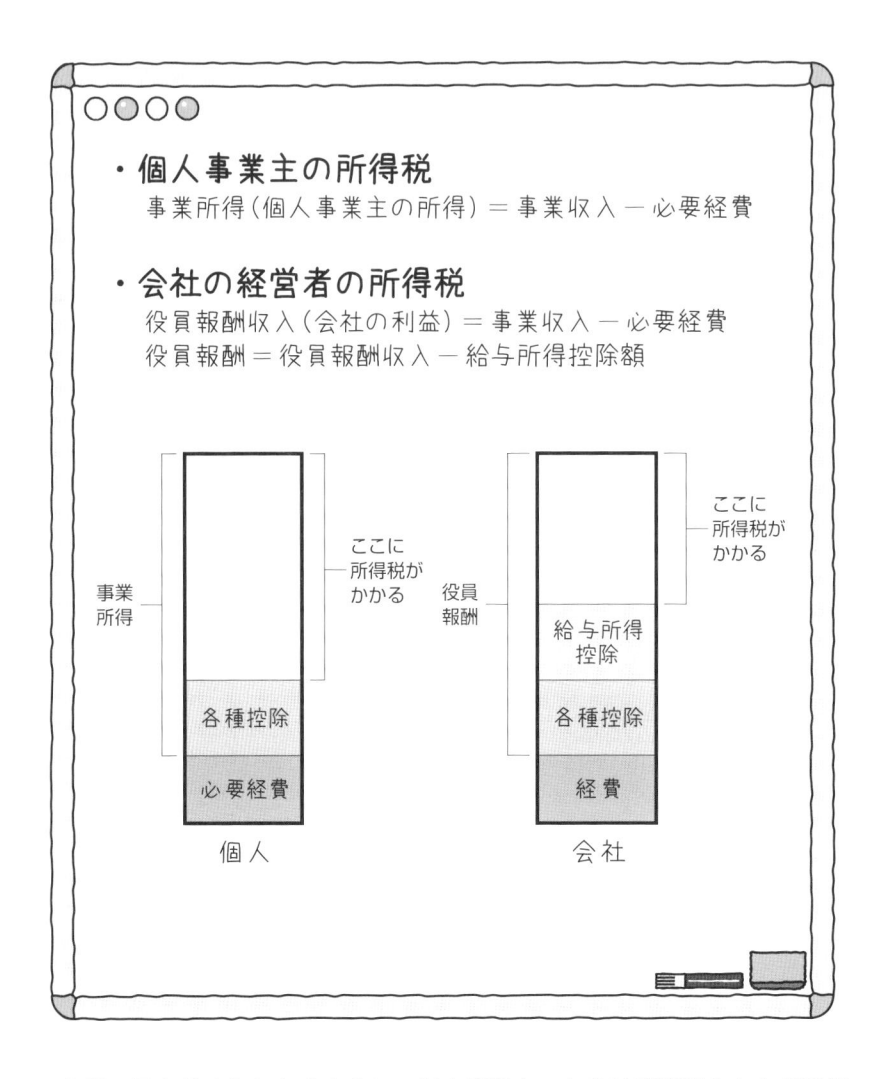

会社経営者として考えなければならない税金について

左ページのように会社の経営者は、会社にかかる税金と自分自身にかかる税金と２面的に考える必要があります。

例えば役員報酬を大きく設定すると、会社での費用が増えるので利益は小さくなり、法人税は少なくなりますが、所得税は多くなります。そのまた逆に、役員報酬を少なく設定すると、会社での費用が減り利益は大きくなるので、法人税は多くなり、所得税は少なくなります。

会社を作ることによって、節税の恩恵を受けるためには、個人の税金と会社の税金を合計して最も得な金額になるように、あらかじめ試算をする必要があります。これが会社を作ることの醍醐味ともいえるのですが、とても頭と神経を使います。そのためには常に会社の帳簿をつけて、利益がいくらくらいになるのか予測をし、翌期の役員報酬をいくらに設定すると課税所得金額がおおよそどのくらいの金額になり、税率はいくらになるのか考えなければなりません。

Column

資本金等の大きさで決まる均等割額について

均等割は、利益の大きさにかかわりなく課される地方税です。資本金等の大きさと従業員の人数によって納付税額が決まります。

例えば、資本金100万円、役員1人の会社の場合には、道府県民税均等割2万円と市町村民税均等割5万円の合計7万円が課されます。

また、事業年度の途中で事務所等を開設または閉鎖をした場合には、月割計算を行います。

均等割の税額表（抜粋：標準税率）

資本金等の額	従業員者数	道府県民税	市町村民税
1千万円以下	50人以下	2万円	5万円
	50人超		12万円
1億円以下	50人以下	5万円	13万円
	50人超		15万円
資本金等を有しない		法人2万円	5万円

03-02 （会社になると）経営者個人の負担する税金が安くなる

個人事業主から会社の経営者になることで生じる最も大きな違いの１つが、「自分にも給料を支払うことができる」ことです。

そのことによって、個人事業で必要経費に算入していたものに加えて、サラリーマンの概算経費・給与所得控除も合わせて差し引くことが可能となります。結果として、売上高や必要経費が同じであれば、合計で負担する税額を少なくすることができます。

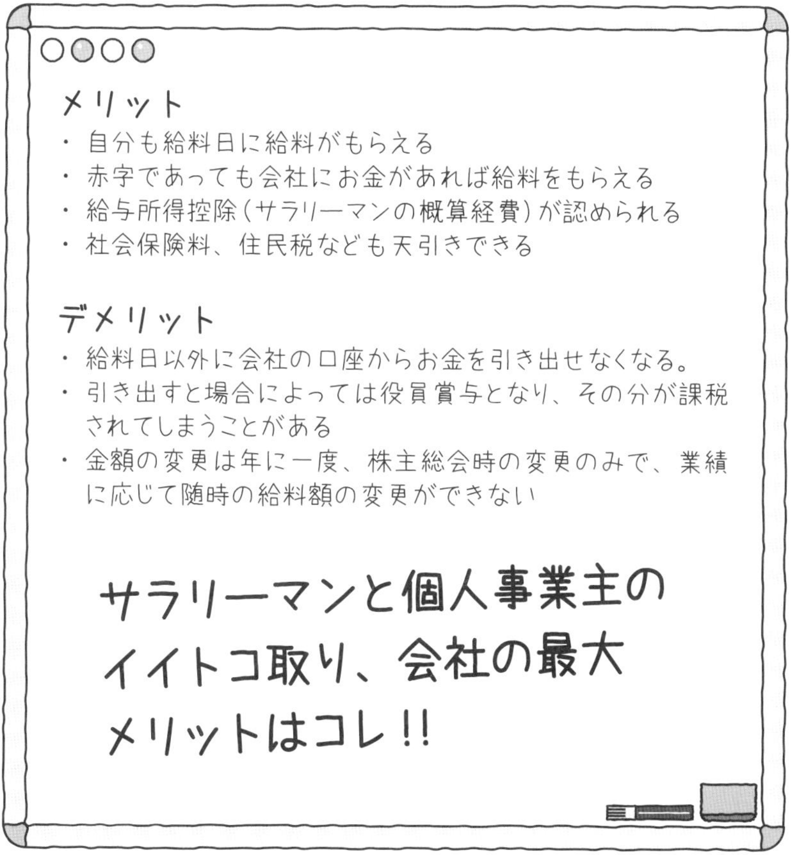
メリット
・自分も給料日に給料がもらえる
・赤字であっても会社にお金があれば給料をもらえる
・給与所得控除（サラリーマンの概算経費）が認められる
・社会保険料、住民税なども天引きできる
デメリット
・給料日以外に会社の口座からお金を引き出せなくなる。
・引き出すと場合によっては役員賞与となり、その分が課税されてしまうことがある
・金額の変更は年に一度、株主総会時の変更のみで、業績に応じて随時の給料額の変更ができない
サラリーマンと個人事業主のイイトコ取り、会社の最大メリットはコレ!!

経営者の給与は「役員報酬」と呼ばれる

「役員報酬」とは、会社が役員に対して支払う給与のうち、賞与および退職金以外のものをいいます。名前では「報酬」となっていますが、実際は給料のことで、年末調整の対象となり、確定申告をする場合の区分は給与所得として扱います。

「領収証の保存や帳簿無し」で認められるサラリーマンの概算経費・給与所得控除

給料の額に応じて定められた額を、給料の収入金額から概算経費として控除することを認められているのが「給与所得控除」です。これには領収証の保存や帳簿なしに認められるというメリットがあります。税金はこれを控除した後の給与所得に対してかかることになります。

給料の額と、控除できる給与所得控除の割合を示したものが次の表となります。年収600万円近くまでは給与に占める給与所得控除の割合は高率ですが、年収がそれより上になると相対的に概算経費の割合は低くなります。なお、平成25年分以降については、給料の収入金額が1500万円超の場合の給与所得控除額は、最高245万円までで打ちきられる上限が設けられました。

給与所得控除の金額のサンプル　（単位:万円）

給料年額　a	300	480	600	720	900	1,200
給与所得控除　b	108	150	174	192	210	230
給与所得　a-b	192	330	426	528	690	970
概算経費率　b/a	36.0%	31.3%	29.0%	26.7%	23.3%	19.2%

上記の概算経費以上に実際の経費が多い場合の「給与所得者の特定支出控除の特例」の制度もありますが、現実的には利用がしづらい制度、と言われています。

役員に対する定期同額給与

役員に対する給与には、原則として、株主総会で定めた給与を次の総会まで変更できない規定があります。この制度は「定期同額給与」と呼ばれ、「職務の重大な変更があった」「業績が著しく悪化した」などの特定の場合以外は総会で定められた給与の額を変更できないように定めています。

定期同額給与の他には、「所定の時期に決められた額を支給すること」を税務署に事前に届出をして支給する「事前確定届出給与」、同族会社以外の法人の業務執行役員へ「利益連動給与」として一定の要件を満たすものが認められていますが、それ以外の役員報酬は役員賞与と扱われて、経費となりません。

Column

所得税の速算表

所得税の税率は、分離課税に対するものなどを除くと、5%から40%の6段階に区分されています。

所得税の金額は、次の速算表を使用すると簡単に求められます。

課税される所得金額	税率	控除額
195万円以下	5%	0円
195万円を超え　330万円以下	10%	97,500円
330万円を超え　695万円以下	20%	427,500円
695万円を超え　900万円以下	23%	636,000円
900万円を超え　1,800万円以下	33%	1,536,000円
1,800万円超	40%	2,796,000円

(注) 例えば「課税される所得金額」が700万円の場合には、求める税額は次のようになります。

700万円× 0.23 − 63万6000円＝ 97万4000円

※ 平成25年から平成49年までの各年分の確定申告においては、所得税と復興特別所得税（原則としてその年分の基準所得税額の2.1%）を併せて申告・納付することとなります。

03-03 （会社になると）売上から源泉所得税が引かれなくなる

原稿料やイラスト料、翻訳料などを個人事業主で受け取る場合に引かれていた源泉所得税は、会社になると引かれることなく、請求金額の全額が振り込まれるようになります。

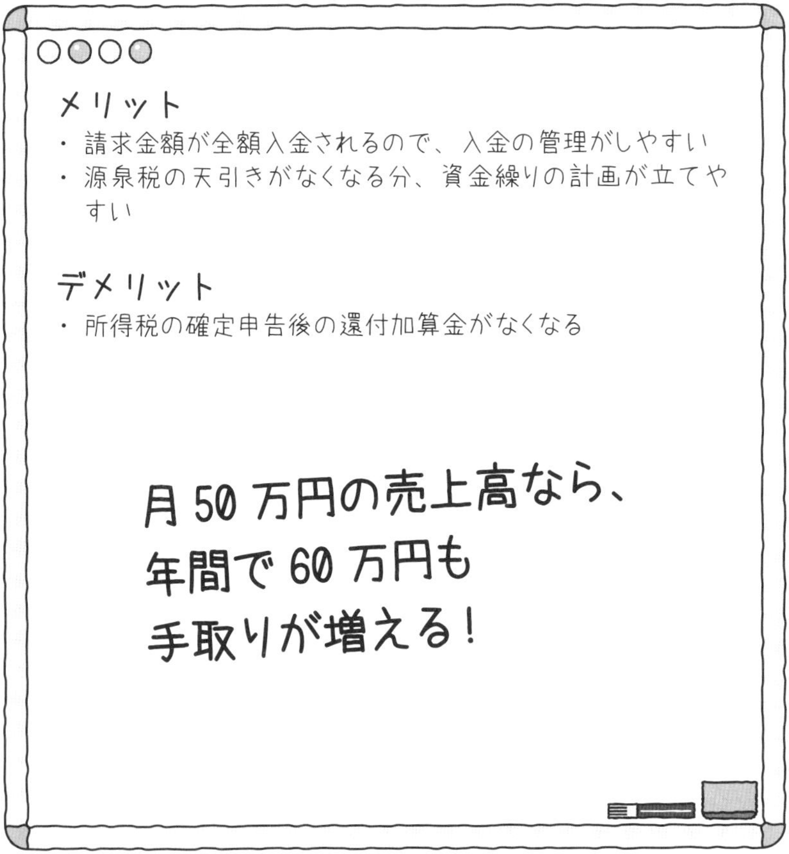
メリット
・請求金額が全額入金されるので、入金の管理がしやすい
・源泉税の天引きがなくなる分、資金繰りの計画が立てやすい
デメリット
・所得税の確定申告後の還付加算金がなくなる
月50万円の売上高なら、
年間で60万円も
手取りが増える！

売上から源泉所得税を引かれるのは個人だけ

例えば、原稿料やイラスト料、翻訳料などを個人事業主で受け取る場合は、報酬の金額（税抜き）に10.21％（10％の源泉所得税と0.21％の復興特別所得税の合計）をかけたものが、請求金額から差し引かれて入金されていましたが、会社になると源泉所得税と復興特別所得税は差し引かれません。請求金額の全額が入金されることになります（振り込み手数料が引かれるケースはあります）。

資金繰りがしやすくなる

源泉徴収で収入の10.21％を税金として天引きされる個人事業主と違い、会社は請求金額の全額が手元に入るので、資金繰りが多少楽になります。

確定申告後の還付加算金がなくなる

個人事業主では、所得税の確定申告をして、払い過ぎた源泉所得税の還付を受ける際に還付加算金のおまけ（受取利息のようなもの）がつくケースがありますが、それが無くなります。

Column

源泉徴収をされる側からする立場に

給与を支払う立場になると、その会社が個人に対して支払う給与や報酬から源泉所得税を徴収して、徴収した翌月10日（7月10日と1月20日の年に2回納付する特例もあります）までに納付する義務が生じます。

立場が変わるといろいろ変わります。変化の動向についていけるように知識の備えが必要になります。

03-04 （会社になると）赤字でも給料をもらうことができる

会社を作ると63ページで解説したように、経営者は役員報酬という名前の給料を貰うことができます。個人事業主の場合は「事業が赤字ならば、個人の所得もない」ことになりますが、会社の場合は「会社は赤字でも、自らの給与は支給される」ということがあり得ます。

これは生活の安定などの面で一見すると良いことのように思えますが、トータルで負担する税金が多くなるなどのデメリットもあります。

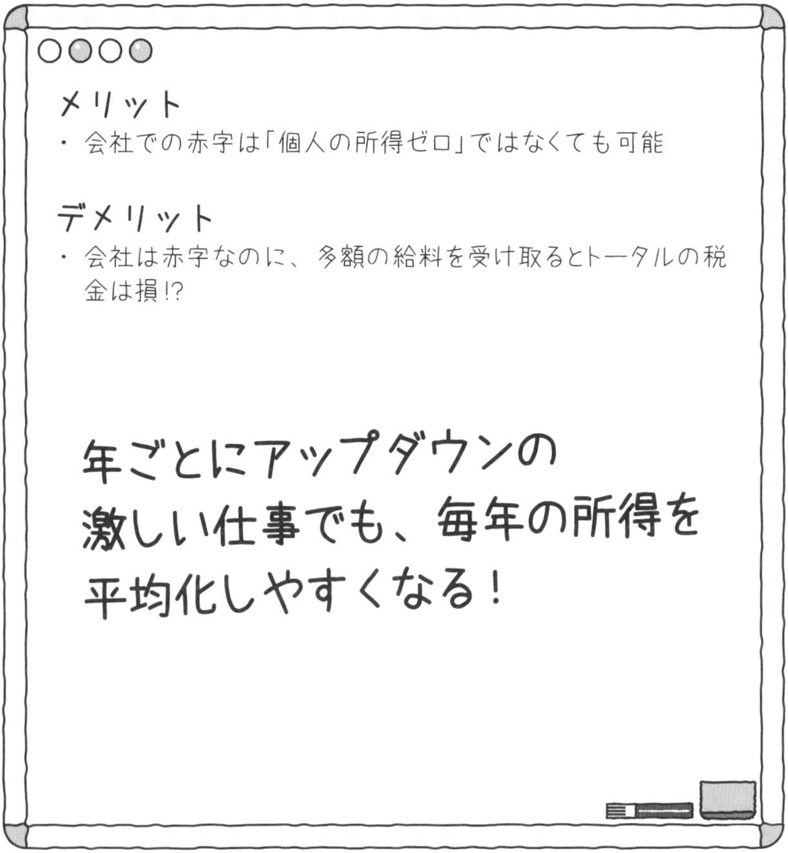
メリット
・会社での赤字は「個人の所得ゼロ」ではなくても可能
デメリット
・会社は赤字なのに、多額の給料を受け取るとトータルの税金は損!?
年ごとにアップダウンの激しい仕事でも、毎年の所得を平均化しやすくなる！

会社の場合は「赤字＝個人所得ゼロ」にはならない

個人事業の場合の赤字は「事業所得がマイナス」、つまり所得となる部分がなくなることを意味します。会社の場合には、給与を支払うことで個人の所得がありながら赤字になる場合があります。

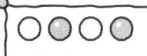

例）

売上高2000万円、その他諸経費1500万円、自らの給料800万円だとすると、会社は300万円の赤字になりますが、自分自身は800万円の給料（給与所得600万円）を受けとることができます。

会社は税金ゼロでも個人で多く払ったら意味がない？

上記の例の給料を受けると、仮に社会保険などの所得控除が150万円とした場合の納税額は所得税、住民税合わせて約95万円となります。

同条件で会社が赤字にならない範囲の給料である500万円（給与所得346万円）に設定すると、税金の合計は約30万円で済むので、800万円の場合より65万円も納税額が少なくて済みます。

ただし、次のセクションで述べるような数年後に大きな利益が見込まれているような場合には、1年の比較ではなく、長い期間での比較をしてみることも大切です。

03-05 （会社になると）赤字を9年間繰り越すことができる

会社では法人税の申告において赤字を翌年以降９年の間、繰り越すことができ、その分を翌年以降の利益から差し引くことができます。これにより、利益の出た年の納税額を減らすことができます。個人事業主の所得税でも同様のことは可能ですが、繰り越せるのは３年だけで３分の１の期間です。

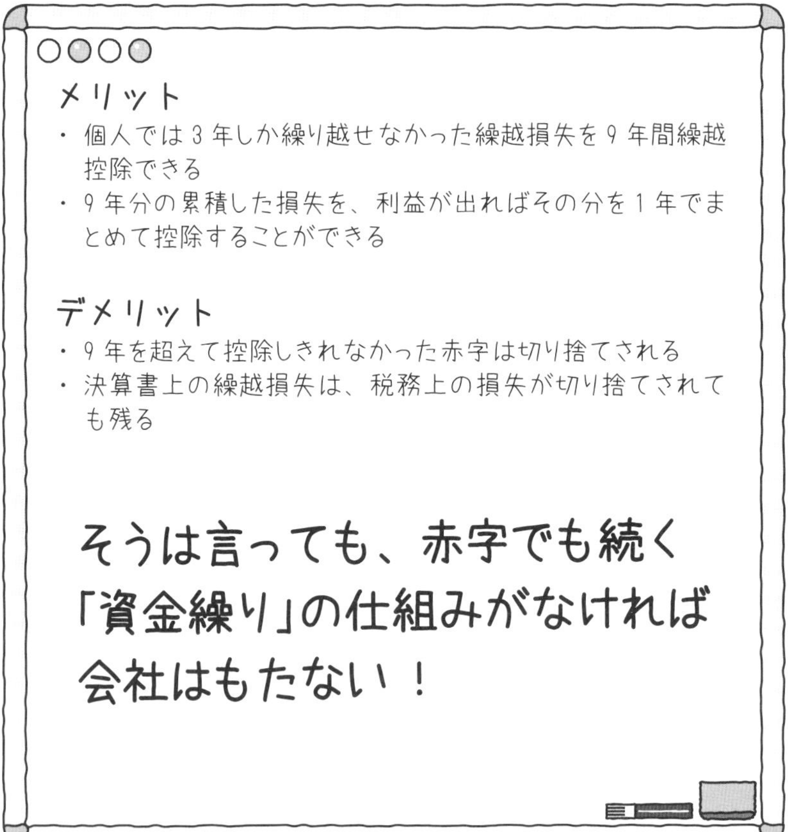
メリット
・個人では３年しか繰り越せなかった繰越損失を９年間繰越控除できる
・９年分の累積した損失を、利益が出ればその分を１年でまとめて控除することができる
デメリット
・９年を超えて控除しきれなかった赤字は切り捨てされる
・決算書上の繰越損失は、税務上の損失が切り捨てされても残る
そうは言っても、赤字でも続く「資金繰り」の仕組みがなければ会社はもたない！

赤字の繰り越しは会社では9年まで可能になる

会社でも青色申告にして、赤字（損失）を翌年以降9年の間、繰り越し、翌年以降の利益から差し引いて、その年の納税額を少なくすることができます（繰り越し可能な額を「繰り越し欠損金」といいます）。

個人事業主でも、同様のことは可能ですが、繰り越せる期間が3年止まりでした。ただし、個人事業主のときに生じた赤字は、会社に引き継ぐことはできないため、個人事業主の時の赤字を繰り越して、会社の利益から差し引くことはできません。

9年を超えた青色欠損金は切り捨てられるが…

税務上の欠損金は、赤字が発生した年の翌年から9年間、利益が出ないままだと切り捨てられて税金の計算の上では差し引けなくなってしまいます。一方で、会社の決算書の上の赤字は何年経過しても利益が出ない限り消えません（欠損填補のための減資などを除く）。

例えば、赤字を800万円出して、その翌期以降9年は損益トントンだったとします。この段階で9年前の税務上の青色欠損金は切り捨てられます。その次の期に300万円の利益が出ると、決算書上の繰越損益はまだ－500万円（－800万円＋300万円）なのに、税金計算では青色欠損金が切り捨てられているので、この300万円（0円＋300万円）に課税されてしまいます。それだけではなく、まだ欠損金のある会社と見られるので、融資を受けにくくなってしまうことも、この切り捨てられることの弊害かもしれません。

「9年間の赤字の繰り越し」のルールを最大限に活かすには？

ここでは、会社における「9年間の赤字の繰り越し」のルールを最大限に活用する方法を考えてみましょう。

例えば、9年後の利益の見込み額がほぼ確定的であるならば、それを基準に、9年間の個人の給料を増やして納税の合計額を平均化して低減することも可能です。

わかりやすい例でいえば、鉄道などの事業のように建設に長い期間を要し、完成までは利益が見込めないような場合です。例示のように、8年間で累計1070万円の赤字が積み重なっていれば、9年目に1070万円の利益が計上されたとしても、繰越損失の金額までは控除されて、その期の法人税はゼロとなります。なお、設定する給料（役員報酬）については、職務の対価として適正といえる範囲であることが要求されます。

さらに、現実的な話として、赤字とは損益計算の上で費用が収益を上回ることで、実際のお金の流れである収支計算も、少々のタイムラグがあったとしても同様に支出が収入を上回ることを意味するため、例示のように長い期間、赤字を続けられるのは余程、当初資金（資本金）が多いか、その後の資金調達ができなければ続けられません。

損失の繰越が積み重なって９年後に控除する（イメージ）　（単位:万円）

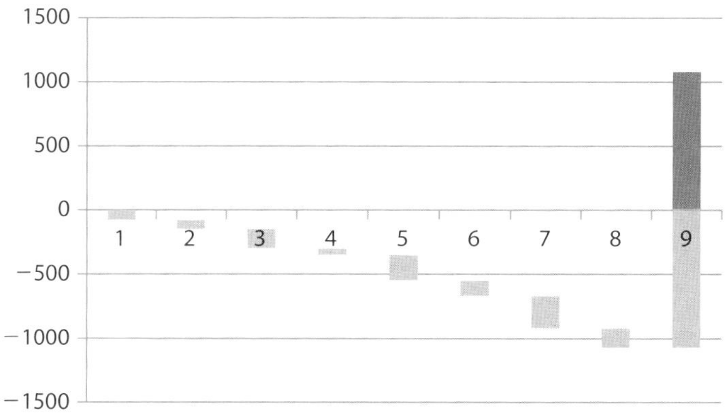

年度	1	2	3	4	5	6	7	8	9
当期損益	−80	−70	−150	−50	−200	−120	−250	−150	1070
繰越損失	−80	−150	−300	−350	−550	−670	−920	−1070	0

なお、上図は会計上の損益がそのまま税務上の損益である、ことなどを仮定しています。

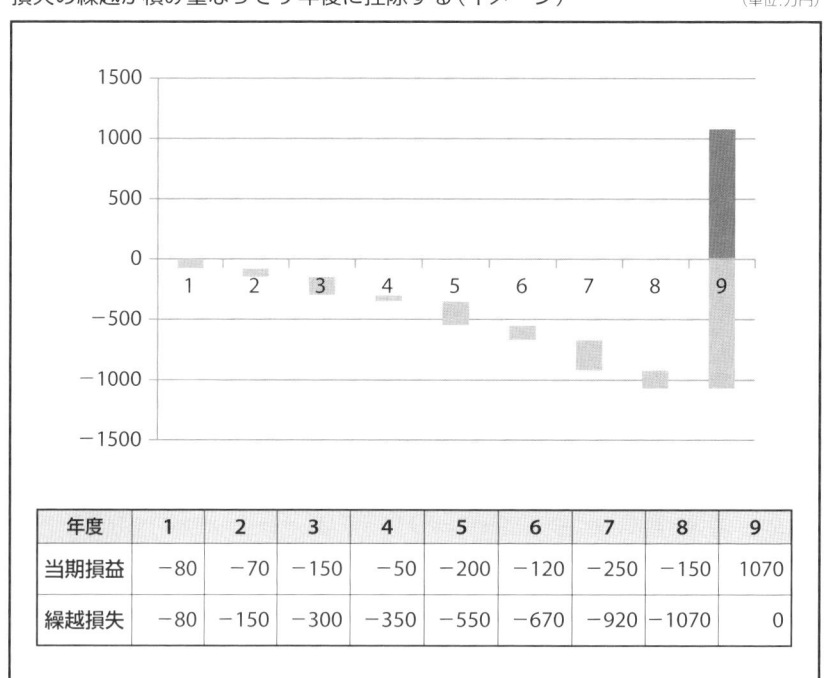

03-06 （会社になると）設立の期は消費税が免除される

会社であっても、個人事業主であっても、基本的に消費税の扱いに違いはありません。消費税の納税義務の有無の判定は、事業者単位で行います。したがって、法人成りする前の個人事業と、法人成り後の会社とは別々の事業者と判断されます。

会社の場合には、資本金が 1000 万円未満であれば、法人成り後の第 1 期目は基準期間がないので納税義務はありません。また、第 1 期目の会計期間を工夫することにより、第 2 期の消費税も免税とすることができます。

消費税の免税期間については、タイミングをしっかりしておけば、デメリットはほとんど無いので、ぜひとも会社を作るときに検討しておきたい項目となります。

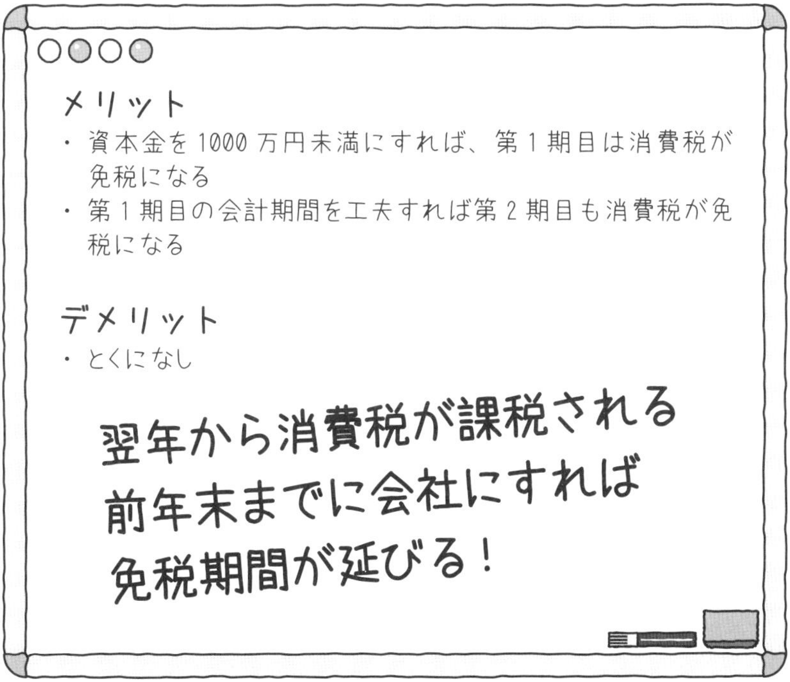
メリット
・資本金を 1000 万円未満にすれば、第 1 期目は消費税が免税になる
・第 1 期目の会計期間を工夫すれば第 2 期目も消費税が免税になる
デメリット
・とくになし
翌年から消費税が課税される
前年末までに会社にすれば
免税期間が延びる！

会社と個人事業主での消費税の納税の仕組みの違い

消費税は、基本的には会社であっても個人事業主であってもその扱いに大きな違いはありません。個人事業主で、開業してから２度目の確定申告までは、消費税の申告および納税はなかったはずです（課税事業者を選択した場合は除きます）。

会社が消費税を納税する必要があるかどうか（課税事業者になるかどうか）は、その事業年度の２年前の事業年度の「消費税の対象となる売上額（課税売上高）」によって決まってきます（２年前の事業年度を「基準期間」と呼びます）。会社を作った年（第１期目）とその次の年（第２期目）には、この基準期間が無いので、次のようなルールで決定されることになります。

第1期目の納税義務は「資本金が1000万円以上かどうか」で決まる

第１期目の資本金が 1000 万円以上であれば課税事業者に、1000 万円未満であれば免税事業者となります。

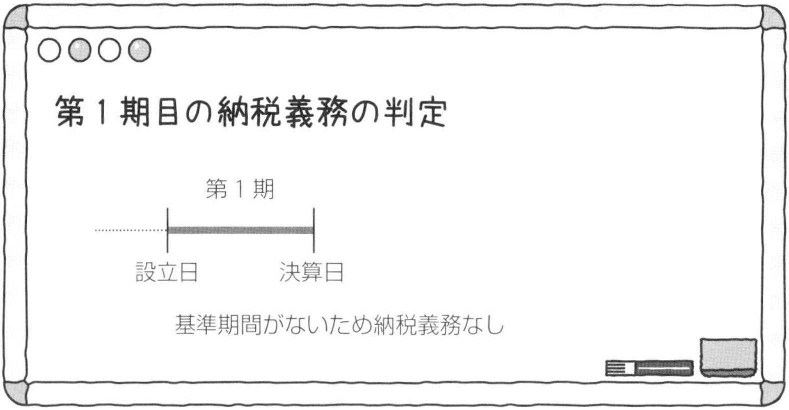

第2期目の納税義務は「第1期目の開始から6カ月の売上が1000万円を超えるかどうか」で決まる

資本金が1000万円未満の場合には、第1期目の開始の日から6カ月間（これを「特定期間」と呼びます）の課税売上高（または給与等支払額の合計）が1000万円以下であれば免税事業者となります。

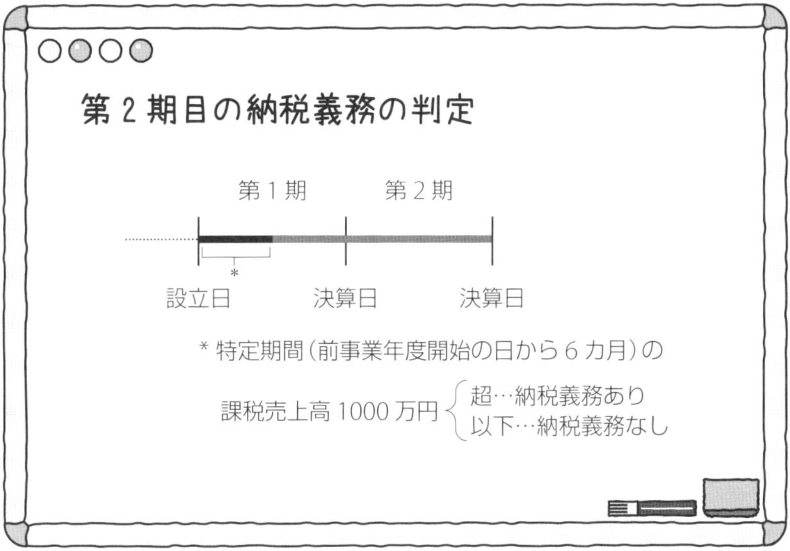

第3期目以降の納税義務の判定

第1期目(基準期間)の売上高または第2期目特定期間の課税売上高(または給与等支払額の合計)が1000万円を超えるか否かにより判定します。

Column

個人事業主時代の消費税の扱いは?

法人成りする前の個人事業主時代の消費税は、法人成りをした年の1月1日から法人成りをして個人事業を廃業した日までの消費税を、翌年の確定申告期間に計算して申告納付を行います。

第2期目を確実に免税事業者にするには

資本金1000万円未満で第1期目の会計期間を7カ月以内に設定すると、第2期目は免税事業者になります。法人成りを検討する際に、第1期目の会計期間の設定を工夫してみるとよいでしょう。

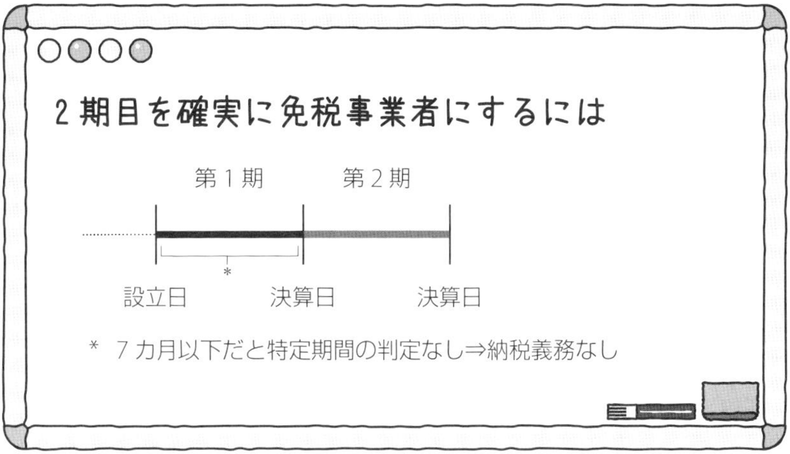

03-07 （会社になると）銀行から融資を受けられるようになる

会社を作るメリットしてよく挙げられるのが「銀行からお金を借りることができるようになる」ということです。しかし、会社になった途端に融資を受けるための「信用」がアップするワケではなく、それまで何年も個人事業を続けていたとしても、会社設立初年度の信用度は、「（開業）１年生」扱いになってしまいます。

ただ、信用保証協会などでは、会社にしてから通算５年未満までは「創業融資」を認めるなど、創業して日が浅いことで使える特典的な融資もあります。

メリット

・信用保証協会などの創業系の融資を受けることができる
・融資を受けるときの保証人は社長としての自分だけで済む
・役員報酬を低めに設定しても会社が利益を計上していれば与信が通る場合がある

デメリット

・所詮、設立したての会社としての扱いを受けるので、すぐには銀行からは融資を受けられない
・金融機関の与信は、法人と個人を併せて考えられ、代表者の個人保証は避けられない。従って個人の自宅も担保に要求される

株式会社は有限責任だが、融資には社長の個人保証も求められるので要注意！

借り入れに必要な「信用」とは

金融機関は、お金を貸し付けるに当たって、借入をする人または会社の信用の程度を審査して、与信限度（いくら貸せるか）の判断をします。このときの判断基準は、サラリーマンであれば、職種、勤続、役職、所得、資産の有無、借金の有無と返済状況・実績、現住所の在住期間、家族構成などを見て判断されます。会社であれば、直近の3年ほどの営業成績・損益状況、業界の状況、主な取引先とその取引規模、資金収支の状況なども加味されています。

個人事業をしていた人が会社を設立すると、会社としての実績はゼロであるため、個人事業での実績が勘案されますが、会社にしただけでは融資が有利になることはありません。

個人保証を前向きに考える

設立したばかりの会社の信用はほぼゼロですが、これまで個人で事業をしていた人であれば、個人に一定の信用はあります。事業に失敗した場合のストーリーとしてよく語られる、「自宅は担保で取られ、会社だけではなく個人保証していた自分自身も破産」は、ある意味でいえば会社の信用だけでは借入ができないことの表れ、といえます。

ただし、個人事業のときには、自分の他に妻や別居の親族（父母など）に保証人を頼まなくてはならなかったのが、会社にすると、代表である自分の個人保証だけで借入できることが増えるので、前向きにとらえるならば、自由度があがるとも言えます。第三者の保証人については、下記もご覧ください。

政府系金融機関などの創業系の融資

会社を作った時点で利用できる、いわゆる創業系の融資制度にはいくつかの種類があります。ここでは代表的なものの例を挙げてみます。

日本政策金融公庫（2013年8月現在）

融資制度	新規開業資金	女性、若者／シニア起業家支援資金	再挑戦支援資金（再チャレンジ支援）
利用可能な人	新たに事業開始または事業開始後おおむね5年以内		
		女性または30歳未満か55歳以上	廃業歴などの一定の要件
融資限度額	7,200万円（うち運転資金4800万円）		
融資期間（うち据置期間）	設備資金：20年以内　運転資金：7年以内		

http://www.jfc.go.jp/n/finance/search/index.html

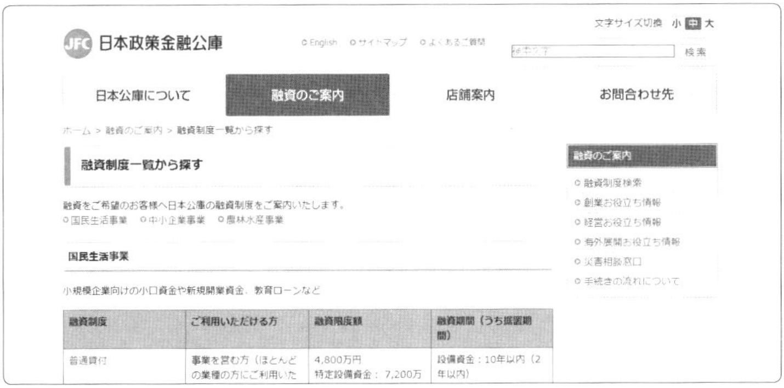

東京都制度融資

融資制度	創業融資
利用可能な人	創業した日から5年未満の法人、個人
融資限度額	2,500万円（運転、設備）
融資期間	設備資金：10年以内、運転資金：7年以内

http://www.cgc-tokyo.or.jp/business/needs/yushi_after.html

融資における経営者以外の保証は現在、改正が検討されている

経営に関わらない第三者保証は下記を除き金融庁の監督指針で禁止されています。

1. 実質的な経営権を有している者、営業許可名義人又は経営者本人の配偶者（経営者と共に事業に従事する場合に限る）が連帯保証人となる場合
2. 経営者本人の健康上の理由のため、事業承継予定者が連帯保証人となる場合
3. 財務内容その他の経営の状況を総合的に判断して、通常考えられる保証のリスク許容額を超える保証依頼がある場合であって、当該事業の協力者や支援者から積極的に連帯保証の申し出があった場合（ただし、自発的申し出が客観的に認められる場合に限る）

民法（債権関係）の改正に関する中間試案
http://www.moj.go.jp/content/000109163.pdf

03-08 (会社になると)交際費が年間800万円までしか経費にできない

個人事業者ではその業務に関連して支払った交際費は、すべて経費になります。しかし、会社になると、交際費のうち年間で800万円までは損金、すなわち税務上の経費として認められますが、800万円を超える部分については認められません。

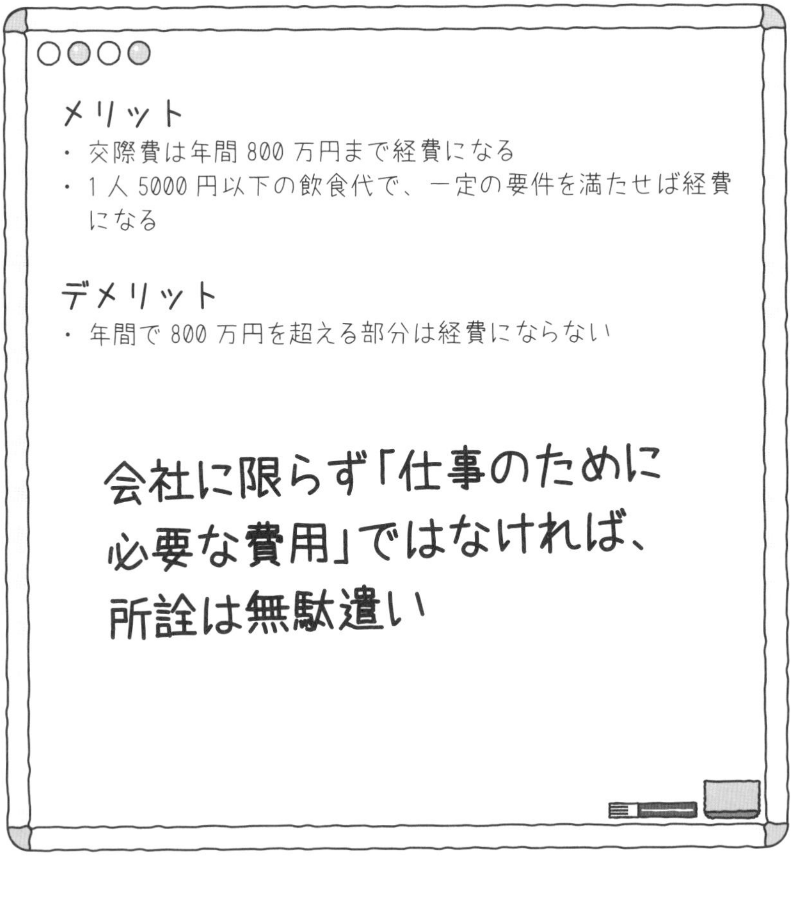
メリット
・交際費は年間800万円まで経費になる
・1人5000円以下の飲食代で、一定の要件を満たせば経費になる
デメリット
・年間で800万円を超える部分は経費にならない
会社に限らず「仕事のために必要な費用」ではなければ、所詮は無駄遣い

交際費とは？

交際費とは法令によると、「法人が、その得意先、仕入先その他事業に関係のある者等に対する接待、供応、慰安、贈答その他これらに類する行為のために支出する費用」となっています。ちなみに、法令では「交際費等」という言い方がなされていて、この中には「交際費、接待費、機密費その他の費用」と定義されています。

今なら年間800万円までの交際費は経費にできる

平成25年4月1日から平成26年3月31日までの間に開始する事業年度において、支払った交際費のうち800万円までが全額経費として認められます（資本金が1億円以下の会社の場合。資本金が1億円を超える会社は交際費を経費にすることができません）。

この800万円まで全額経費になる特例は1年間と期限が決められています。来年度以降、この特例が延長されるのか、それとも終わってしまうのかは、本書執筆の時点ではわかりません。

上記の特例が有効になる前は、交際費600万円のうち10%が経費として認められず（つまり90%のみが経費となる）、600万円を超えると全額経費として認められませんでした。

1人あたり5000円までの飲食の費用は経費で落とせる

上記の特例が継続するかどうかは別にして、1人あたり5000円までの飲食の費用は経費として扱うことができます。このためには、次のような条件を満たしておく必要があります。

1人当たりの金額（飲食等のために支払った金額÷飲食等への参加者数）が5000円以下で、次にあげる書類を保存していれば、交際費としては扱われず、全額経費として処理することができます。

① その飲食等のあった年月日
② その飲食等に参加した得意先、仕入先その他事業に関係のある者等

の氏名または名称およびその関係

③　その飲食等に参加した者の数

④　その費用の金額ならびにその飲食店、料理店等の名称およびその所在地

⑤　その他参考となるべき事項

ひと手間かかりますが、コツコツ節税をしましょう。

領収書とそのメモ書きのサンプル

メモは、大きな付箋に書く、メモを書いた別紙に領収書を貼り付ける、領収書の裏に書きこむなどして、後からわかるようにしておきます。

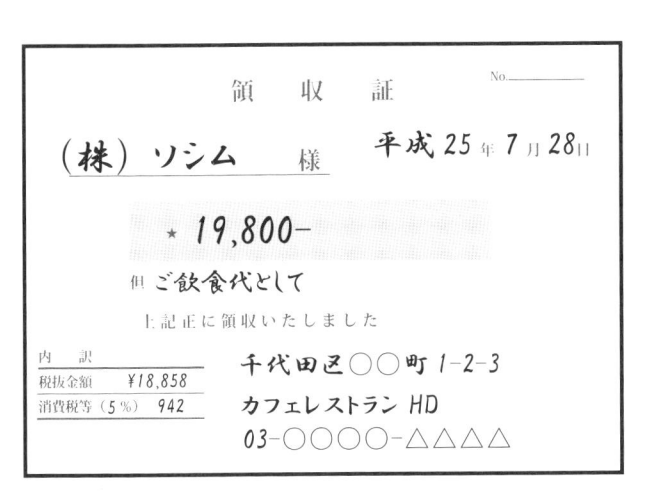

領　収　証　　No.

（株）ソシム　様　　平成25年7月28日

★19,800－

但 ご飲食代として

上記正に領収いたしました

内　訳	
税抜金額	¥18,858
消費税等（5％）	942

千代田区〇〇町1-2-3

カフェレストラン HD

03-〇〇〇〇-△△△△

①平成25年7月28日

②得意先（株）××（2名）

営業部長　〇△　一郎　様

営業担当　×〇　新次　様

③参加者4名

当社参加者（2名）

社長　■川　〇蔵

部長　△山　×

④金額　19,800円

カフェレストラン HD

千代田区〇〇町1-2-3

⑤新プロジェクト打ち合わせ

03-09 （会社になると）会社に自分所有の不動産を貸すことができる

自分の所有するマンションなどの不動産は、設立した会社に貸付けて家賃を受け取ることができます。個人では、自身の事業に利用しても、その必要経費の負担ができるだけですが、会社に貸した場合には、第三者に貸したのと同様に家賃を受け取ることができます。

メリット

- 妻（夫）や自分の所有する不動産を会社に貸付けて家賃をもらうことができる
- 固定資産税、借入金利息などを必要経費として差し引くことができる
- 所得税の青色申告特典も利用できる

デメリット

- 家賃収入については金額の多寡に関わらず確定申告が必要となる
- 一部を貸付けている自宅を売却した場合、貸付部分には居住用財産特例が使用できない
- 家賃は近隣相場に準ずることが必要

現有財産の有効活用と空室無の不動産投資が、会社への貸付で可能に！

個人所有の不動産を会社に貸し付ける

個人事業の場合は、自分または妻（夫）など同居の親族が持っている家屋を店舗として使用しても「他人に貸すのと同様の家賃」を支払うことができず、固定資産税や借入利息などの必要経費実費だけを負担することができるにすぎません。これに対して、会社を設立すると「他人に貸すのと同様の家賃」を自分または妻（夫）など同居の親族に対しても支払うことができます。ただし、この家賃は受け取る人の所得となります。

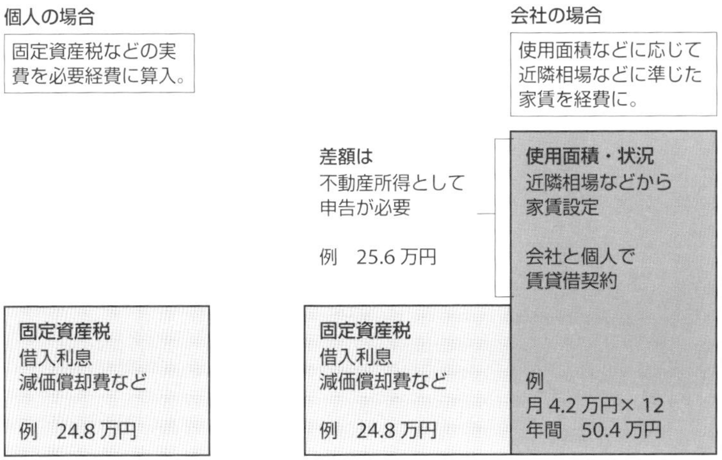

上記の例では、個人では実費である24.8万円を必要経費にできるだけですが、会社にすると、相場並みの家賃を会社から支払うことができ、50.4万円を経費とすることができます。家賃を受け取った個人は申告が必要で、差額に当たる25.6万円が不動産所得となって、他の所得と合わせて課税の対象となります。

会社の役員がもらった家賃は額に関わらず申告が必要となる

通常、給与所得および退職所得以外の所得金額の合計額が20万円以下であれば、原則として確定申告は必要ありませんが、同族会社の役員が、給与のほかに貸付金の利子や不動産の賃貸料などを受け取っている場合には、これらの所得金額が20万円以下であっても確定申告が必要になります。また、その役員の妻なども同様です。

店舗兼住宅等の場合には居住用の特例の利用には制限あり

店舗兼住宅などを売った場合にも、居住用不動産を売却した場合にその売却益のうち一定額まで税金がかからない「居住用の特例」が適用できますが、その特例は、原則として居住用部分のみが適用対象となります。床面積等から居住用部分を計算しますが、その全体に占める割合がおおむね90%以上の場合には、その全体が居住用財産に該当するものとして特例の適用を受けることができます。

青色申告にすれば特別控除10万円が利用可

家賃を受け取れば上記のように確定申告は必要となりますので、どうせなら青色申告にしてこの控除を受けた方がお得です。前ページの図の例でいえば、25.6万円から青色申告特別控除10万円が控除され、課税の対象となる不動産所得は15.6万円になります。

Column

住宅ローン控除vs.会社からの家賃

個人で購入したマンションを、会社に貸付ける時に注意が必要なのが、住宅ローン控除の適用との損得計算です。

おおまかに言えば、貸付割合を除いた居住用部分に対する住宅ローン控除をし、貸付割合に相当するローン金利、固定資産税、減価償却費などを家賃収入の申告の必要経費にします。

この貸付割合については、住宅ローン控除がそもそもの適用要件として、「専有面積の2分の1以上が居住用」であることとなっているので、貸付割合は50％以下でなければなりません。貸付割合は、建物床面積に占める実際の使用面積などから割り出して家賃を算定します。ここには近隣相場との比較で極端な差がないようにしなければならないという歯止めがかかります。

例えば、3000万円のローンを組んでいたとして、現行のローン控除は年末残高×1％で20万円が限度ですから、ローン2000万円相当の部分にあたる3分の2以上の面積を、その控除できる10年間は居住用として、以降の年分については、貸付面積を増やして家賃収入を増やせば両方のメリットを活かせます。

03-10 （会社になると）生命保険や傷害保険に加入した方が得

会社で生命保険や傷害保険に加入すると、保険料の全部または一部が経費となります。個人では、支払った保険料の一部、もしくは全部が経費と認められないため、会社で加入した方が税金の面から得となります。保険金を費用として扱うことができるようになるので、退職金や何らかの理由で働けなくなったときの補償の原資として保険を積極的に活用しやすくなります。

○○○○

メリット

- 保険料は全額または一部を経費として計上できる
- 役員・従業員の万が一の事態を補償する保険を活用しやすくなる
- 退職金対策・事業承継対策として保険を活用しやすくなる

デメリット

- 資金繰りが苦しい時でも保険料を納めなければならない
- 保険に関する経理処理が複雑である

個人は税金を払った残りから払うが、会社なら保険料支払いが経費になる！

同じ保険料を払うなら個人の財布からよりも会社から

個人名義で生命保険に加入した場合、所得控除できる金額は年間で最大12万円までです。傷害保険に関しては、所得控除はないので、所得税の節税効果はありません。

会社名義で生命保険や傷害保険に加入した場合、保険料が経費になります。同じ保険料を払うのであれば、個人の財布を経由するよりも、会社の方が、節税効果が高くなるので一考の価値ありです。

	個人（所得控除）	法人（経費計上）
生命保険	所得控除できる	経費計上できる
地震保険		
傷害保険	所得控除できない	
火災保険		
自動車保険		

会社契約だと経理処理が複雑になる

保険の種類、被保険者や受取人によって、支払った保険料は、全額保険料として計上できるもの、給与として計上するもの、一部資産計上するもの、全額資産計上するものと経理処理が異なります。契約の際に、保険会社や税理士に確認をするなど、注意をしてください。

保険金を受け取ったとき

会社が受取人で保険金を受け取ったときは、会社の収益になります。今まで支払っていた保険料を全額経費処理していれば、保険金は全額収益になり、資産計上していれば、保険金との差額が収益になります。保険金は困ったときの原資として使えます。

会社での生命保険加入をおススメするワケ

例えば、保険料を全額資産計上しなければならない養老保険に加入した場合、支払った保険料を税金上は経費として扱うことができないため、そのときの節税面ではメリットを感じないかもしれません。

しかし、経営者に不測の事態が起こったときなどには、保険金を退職金や弔慰金に充てることができます。支払った退職金や弔慰金は税金上は経費として扱います。個人で加入した生命保険ではこのような扱いはできませんが、会社契約の場合、退職金対策や事業承継対策として生命保険が活用できます。個人で加入するより得です。

まずはセーフティ共済を活用してみよう

「経営セーフティ共済」（中小企業倒産防止共済制度）は、取引先事業者の倒産の影響を受けて、中小企業が連鎖倒産や経営難に陥ることを防止するための共済制度です。1年以上継続して事業を行っている中小企業者で、一定の条件に該当すれば加入することができます。掛金月額は、5000円から20万円までの範囲（5000円刻み）で自由に選べ、掛金総額が800万円になるまで積み立てられます。掛金は経費として全額計上できるので、1年で最高240万円まで経費への計上が可能です。

この共済のメリットは経費計上はもちろんのこと、取引先が倒産し売掛金が回収不能となったときに共済金の貸付けを受けたり、解約手当金の範囲内で臨時に必要な事業資金の貸付けを受ることができる点にあります。また、任意に解約することもでき、12カ月以上の掛金の払い込みが済んでいれば解約手当金が支払われます。

儲かっている、経費が少ない、資金的な余裕が少しある。こんな場合に、この共済の加入を検討してみてはいかがでしょうか。

独立行政法人中小企業基盤整備機構
http://www.smrj.go.jp/tkyosai/index.html

03-11 （会社になると）契約の主体が法人になり、料金も変わる

会社になると、さまざまなサービスの提供を受けるときに、これまでの個人契約から会社での契約（いわゆる法人契約）を求められることがあります。

中には法人ならではのお得なサービスもありますが、大抵のものは利用料金が高くなります。代表的な物としてはネットバンキングや固定電話の基本料金、自動車保険料等があり、これらは会社契約になると個人契約よりも費用が割高になるケースがあります。

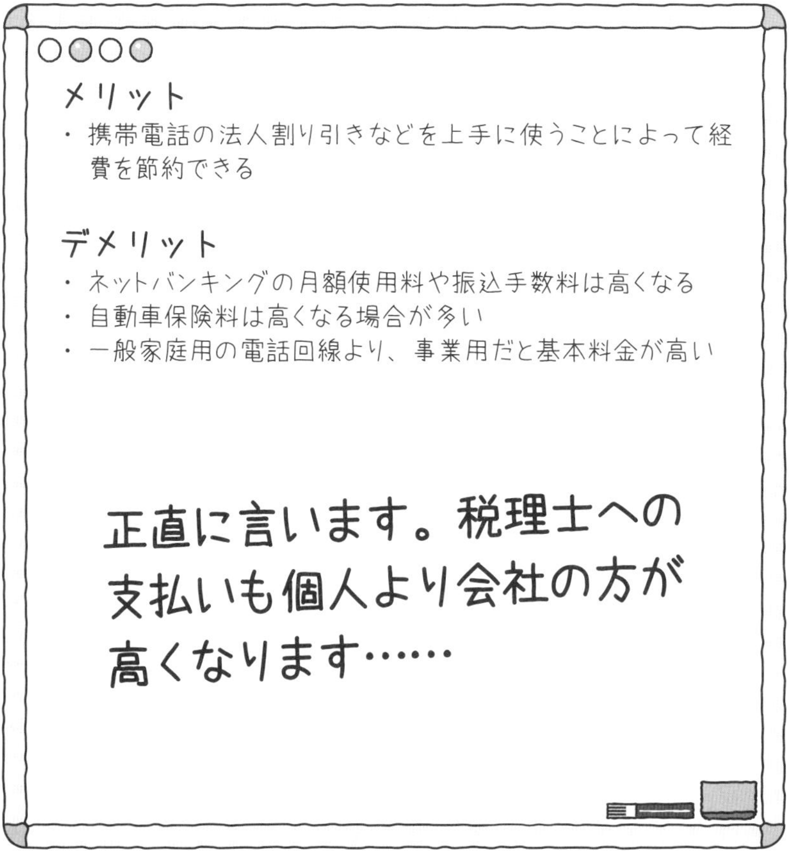
メリット
・携帯電話の法人割り引きなどを上手に使うことによって経費を節約できる
デメリット
・ネットバンキングの月額使用料や振込手数料は高くなる
・自動車保険料は高くなる場合が多い
・一般家庭用の電話回線より、事業用だと基本料金が高い
正直に言います。税理士への支払いも個人より会社の方が高くなります……

ネットバンキングの手数料

個人口座のネットバンキングは利用料が無料であるものが多く、振込手数料も１カ月で利用できる回数制限はあるものの無料であったり、割引料金が適用されるなどお得感がありました。

会社口座になると、ネットバンキングの月額利用料が発生します。また、振込手数料も個人で利用していた時より割高になります。

自動車保険料

個人契約よりも会社契約の方が高くなる場合がほとんどです。個人所有の車を法人名義に変更せずに、会社に貸す（賃貸借契約書の作成が必要です）ことによって、保険料を会社負担にすることも可能です。

携帯電話

個人で使用している携帯電話の使用料の一部（事業用割合により）を会社負担することも考えられます。法人割り引きなどのプランを上手に組み合わせてお得に利用できるようにしましょう。

固定電話

アナログ回線だと家庭用よりも事業用の基本料金は高くなります。光回線にすると基本料金は抜群に安くなります。ネット環境を整える必要があれば、光回線にした方がお得です。

03-12 （会社になると）税務申告のために会計処理が必要になる

会社を作り、運営していくことになると、個人事業に比べてさまざまな事務処理作業が増加します。中でも大きな負担となりかねないのが会計に関する処理で、決算書を作成したり、納税額を決めたりするためには必須の作業となります。個人の青色確定申告の際にも決算書は作成しますが、会社の決算書は個人の決算書に比べて構造が非常に複雑となっていて、税理士などの専門家へ作成を依頼することが一般的です。

このように会計処理は、事務作業やコストの面で大きな負担となりますが、本来の会計処理は「会社が儲かっているか」「会社が健全な財務状態にあるか」を測るためのものでもあります。最近ではパソコンを使った会計処理用のソフトも安価に販売されており、これらを使うことにより事務処理の負担を減らしながら、リアルタイムに会社の状況を知ることが可能になり、成長のための資料として活かすことができます。

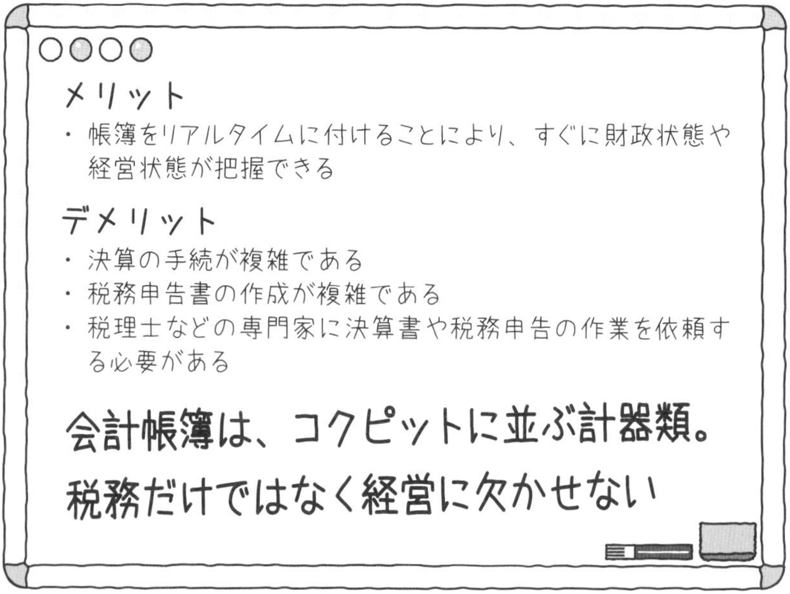
メリット
・帳簿をリアルタイムに付けることにより、すぐに財政状態や経営状態が把握できる
デメリット
・決算の手続が複雑である
・税務申告書の作成が複雑である
・税理士などの専門家に決算書や税務申告の作業を依頼する必要がある
会計帳簿は、コクピットに並ぶ計器類。
税務だけではなく経営に欠かせない

会社における会計処理の意味

個人事業主は、1月1日から12月31日までの1年間の事業所得を翌年の確定申告期間に算定し、税額を確定していました。

会社では、事業年度終了後2カ月以内に、株主総会にて決算を確定させ、決算書類（貸借対照表、損益計算書、株主資本等変動計算書、勘定科目内訳書、事業概況書）を作成します。そして、確定した決算を基に、法人税申告書、道府県民税及び事業税申告書、市県民税申告書を作成して提出します。税額が発生している場合（均等割は赤字でも発生します）は、納付を期日までに済ませます。

帳簿付けが大変になる

税務の確定申告書を作成するにあたって、決算書類を整えなければなりませんが、決算書類を作るためには、正規の簿記の原則つまり複式簿記によって日々の帳簿付けをする必要があります。複式簿記は、資産、負債、資本、費用、収益の勘定科目を用いて借方と貸方に同じ金額を記入する仕訳によって帳簿に記帳するものです。

帳簿付け作業は慣れるまで大変ですが、日々、仕訳を切って、元帳に転記をし、試算表を確認することによって、財政状態や経営成績をタイムリーに知ることができます。この帳簿を基にして事業の反省をし、事業の発展のための計画を立てることができるようになります。

すでに青色申告特別控除を65万円受けている人にとっては、会計ソフトを使って日々の帳簿付けが比較的スムースにできるかもしれませんが、白色申告者で、収入と経費の集計をした経験しかない人の場合、複式簿記を理解して試算表を作成することが難しいかもしれません。「仕訳を切る」というキーワードが理解できない人は、早めに専門家に相談しましょう。

帳簿の保存期間が2年長くなる

個人事業主の税法上の帳簿の保存期間は7年間です。会社の場合は、税法上の帳簿の保存期間が9年間、会社法上の帳簿の保存期間が10年間と長くなります。

決算の手続きが複雑である

事業年度の終了した日を決算日と言いますが、決算日から２カ月以内に、株主総会を開いてその期の財政状態（貸借対照表に表されます）と経営成績（損益計算書に表されます）について株主の承認を受けなければなりません。それまでに決算書類を整えなければならないので時間との戦いになります。

申告書の作成が複雑である

株主総会で決算が確定したら、決算書の数字に基づいて、法人税・道府県民税・事業税・道府県民税の申告書を作成します。赤字であっても、道府県民税・市町村民税の均等割は発生します。消費税の納税義務のある事業者は消費税の申告書も作成します。

税理士に依頼する必要がある

個人事業主の事業所得の算出の仕方よりも、会社になると帳簿付け、決算処理、申告書の作成提出など、その手続きは複雑で難解なものもあるので専門家の手助けが必要になります。税理士報酬のコストが発生しますが、気の合う税理士を探してください。身近な経営の良き相談相手となってくれることでしょう。

Column

良い専門家の探し方

ネットで検索する、知人に紹介してもらう等いろいろと方法はありますが、口コミに惑わされることなく、自分でその専門家と直接話して見極める必要があります。その専門家が、自分と相性がよさそうか、ひざを交えて話せる雰囲気はあるか、信頼に足る人物であるか、納得いくまで検討してください。相性の合う合わないはとても大切です。

03-13 従業員を雇うときは就業規則を策定しておいた方がよい

就業規則とは、会社で働く従業員が守るべき決まりや労働時間、休日などの労働条件を定めた会社のルールです。

就業規則は会社を作ったときに必要となるものではありません。従業員を雇うことになった場合に作成する必要があるものですが、事業を成長させることが会社を作る目的ならば、会社を作ったときからその存在を頭に入れておいてもよいでしょう。

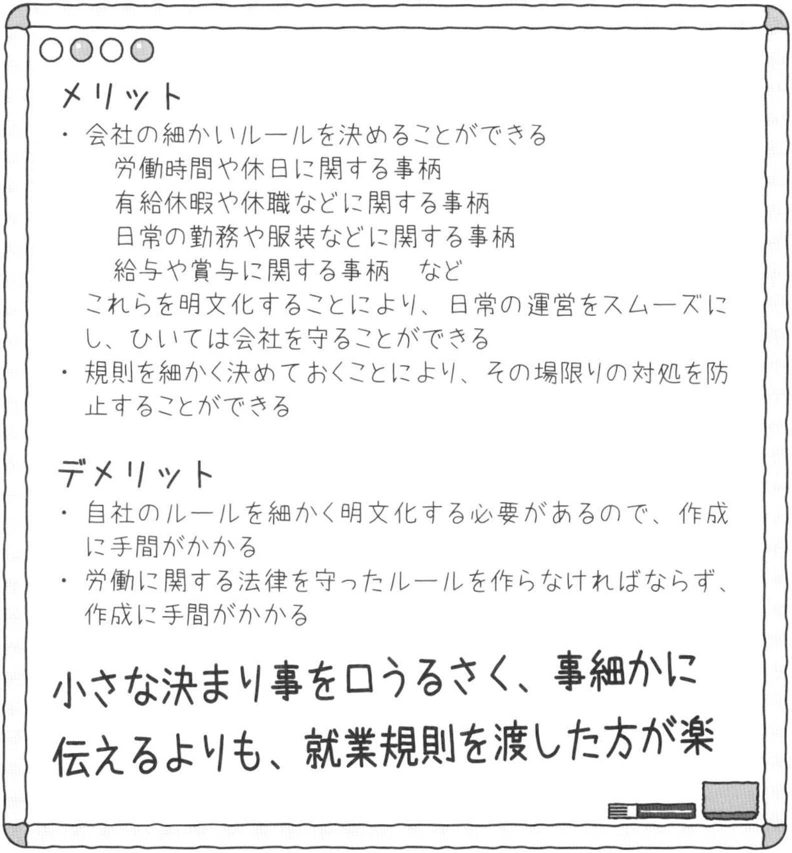
メリット
・会社の細かいルールを決めることができる
労働時間や休日に関する事柄
有給休暇や休職などに関する事柄
日常の勤務や服装などに関する事柄
給与や賞与に関する事柄　など
これらを明文化することにより、日常の運営をスムーズにし、ひいては会社を守ることができる
・規則を細かく決めておくことにより、その場限りの対処を防止することができる
デメリット
・自社のルールを細かく明文化する必要があるので、作成に手間がかかる
・労働に関する法律を守ったルールを作らなければならず、作成に手間がかかる
小さな決まり事を口うるさく、事細かに伝えるよりも、就業規則を渡した方が楽

就業規則は会社のルールブック

就業規則は、労働時間や賃金等の基本的な労働条件や職場の服務規律を定めた、会社と従業員との間のルールブックです。会社の実態に合った就業規則を定め、それを会社と従業員の双方がよく理解することにより、双方のトラブルを未然に防ぐことが可能になります。

就業規則を作成することは、法律や専門的な知識が必要となるため、なかなか会社を設立して従業員を雇った際にすぐに作成できない場合もありますが、就業規則に記載していたからこそ、会社を労働問題から救うこともあります。

例えば、「賞与の支給は支給日において在籍している従業員にのみ支給したい」、つまり、「賞与支給日の直前で退職した従業員には支給しない」場合に、就業規則に「賞与支給日において、在籍している者を対象とする。」と記載して、事前に従業員に明示しておけば、問題が起きにくくなります。

あらかじめ予想される労働問題を就業規則に規定しておくことにより、後から労働問題でもめるリスクを回避することができるのです。

就業規則を作成する際の注意点

就業規則を作成するときには、次のような点に注意する必要があります。

- **労働関係の法律の知識が必要になる**

  就業規則の内容は、労働基準法、その他の労働法に基づいて定められるため、これらの法律の知識が必要となります。労働関係の法律に違反している就業規則の規定は無効です。

- **従業員への内容の周知を行うことが必要になる**

  就業規則は、従業員への周知された段階で効力を生じます。きちんと従業員への周知がされていない場合、トラブルが生じやすくなります。

- **ネット上の就業規則のひな型をそのまま使うと思わぬリスクになる**

  ネット上には数多くの就業規則のひな型が公開されていますが、そのひな形が必ずしも会社の実態に合致しているわけではありません。実情とかけ離れた内容のひな型をそのまま採用してしまうと、後から思わぬトラブルが発生する可能性があり、リスクを回避する事ができなくなります。

- **法改正に応じて改定が必要になることがある**
  法改正などに対応しないと、知らず知らずのうちに法律違反になっている場合がある。
- **安易に従業員の不利になるような条件は変更できない**
  就業規則はいつでも自由に変更することが可能ですが、従業員が一方的に不利になると思われる労働条件などの変更については、あらかじめ従業員の了解を得る必要があることがあります（これを「不利益変更」といいます）。

従業員が10人を超えると労働基準監督署に提出

雇用している従業員が10人以上になった場合は、労働基準監督署に届け出なければなりません。これに違反すると30万円以下の罰金に処せられます。

正社員だけでなくパート・アルバイトの人数も含んだ数が対象となる

なお、従業員は上図のように正社員のほかに契約社員やパート、アルバイトなども含みます。

就業規則の他にも諸規程がある

就業規則の他に、給与規程や退職金規程など、さまざまな規程があります。会社に何が必要な規程かチェックし、作成の必要がある規定は作成する必要があります。

必須	就業規則	本則	始業・終業時間、休日、給与、退職に関する事項を定める
		給与規程	給与の計算期間、支払日、残業代の計算方法等に関する事項を定める
		育児・介護休業規程	育児・介護休業の対象者の範囲、休業期間、休業中の給与の取扱い等に関する事項を定める
任意	退職金規程		退職金の支払いを行う場合に、退職金の支給対象者、退職金額の計算方法等に関する事項を定める
	出張旅費規程		出張時の日当額、旅費の精算方法等に関する事項を定める
	慶弔見舞金規程		従業員やその家族の結婚、出産、死亡等の慶弔時にお祝い金やお見舞金の支払いに関する事項を定める

03-14 （会社になると）株式を買い占められて会社が乗っ取られる

基本的に、株式会社の株式は、自由に取引することができます。

株主が本人のみであれば、会社を乗っ取られる心配はありませんが、友人などと共同出資をした場合に、何らかの事情があって、その株式を会社運営に支障をきたすような人に譲渡される可能性があります。

それを防止するのが「株式譲渡制限会社」です。「株式を売る際には、会社の承認が必要である」と定めてある株式会社をいいます。この制限によって会社の経営にとって好ましくない株主が、会社経営にかかわってくることがないので会社運営を安定させることができます。

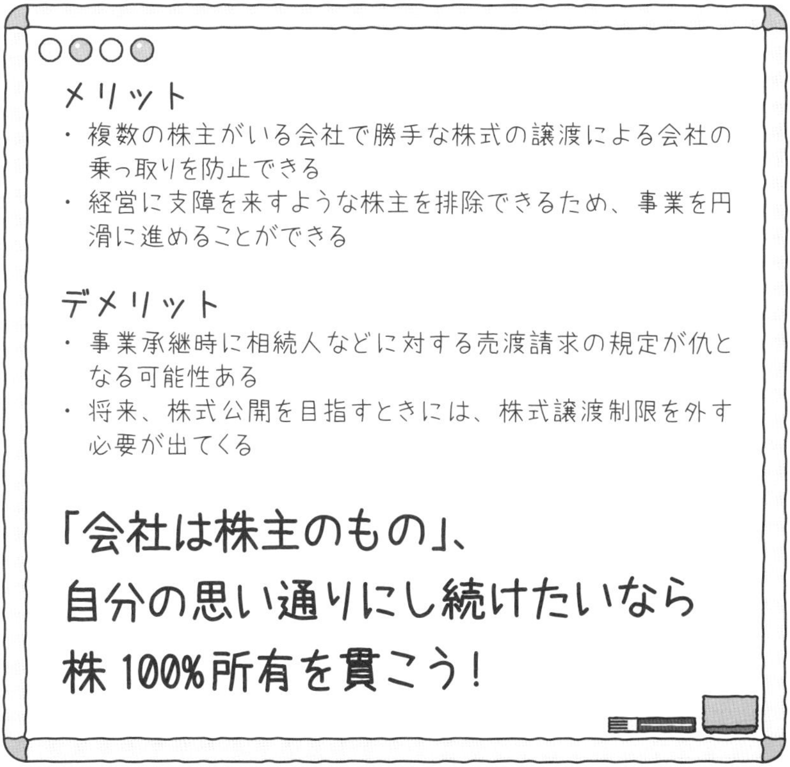
メリット
・複数の株主がいる会社で勝手な株式の譲渡による会社の乗っ取りを防止できる
・経営に支障を来すような株主を排除できるため、事業を円滑に進めることができる
デメリット
・事業承継時に相続人などに対する売渡請求の規定が仇となる可能性ある
・将来、株式公開を目指すときには、株式譲渡制限を外す必要が出てくる
「会社は株主のもの」、
自分の思い通りにし続けたいなら
株100%所有を貫こう！

株式譲渡制限会社にするには

会社を株主譲渡制限会社にするには、定款に下記の文言を記載するだけです。会社を作るときに作成する定款にはじめから下記の文言を入れておくようにします。

「当会社の株式を譲渡により取得する場合には、株主総会の承認を受けなくてはならない。」

上記は、取締役会を設置していない場合の文章で、もし取締役会を最初から設置する場合には、「当会社の株式を譲渡により取得する場合には、取締役会の承認を受けなくてはならない。」となります。

他に株主がいた場合のデメリット

株式譲渡制限会社は、定款で相続人等に対する売渡請求の規定を設けることができます。この規定も、好ましくない人に株式を渡さないことを前提に設けられたものです。しかし、他の株主が相続人等に対する売渡請求を利用して、相続人から株式を取り上げることも考えられます。他人（もしくは信用できない身内!?）と共同経営をする場合は注意が必要です。

例えば、会社の株式の大半を所有していた経営者のAさんが亡くなって、事業を承継したい相続人のBさんがいたとしても、少数株主のCさんが、相続人等に対する売渡請求をした場合、Aさんの株式はBさんにはいかずに会社のものになってしまいます。

定款作成時に、先のことを見据えて相続人等に対する売渡請求の規定を設けるか否か、慎重に検討する必要があるでしょう。

株式公開を目指していても最初は株式譲渡制限会社から

将来は株式公開を目指している人もいることでしょう。ベンチャー企業などは、経営基盤が安定するまで非公開会社として活動し、公開直前になって制限を外すことが多く見受けられます。この制限を外すには、株主総会の特別決議による定款の変更、変更登記の申請が必要になります。

変更するにはひと手間かかりますが、無事に事業が軌道に乗り公開することが決定するギリギリまで、株式譲渡制限会社でいたほうがよいでしょう。

Column

小さい会社ならば役員の任期も10年に

1人でもしくは家族と会社を作りたい人は、定款作成時に一言その文言を書き加えましょう。そして、役員の任期も最大10年で設定しておくと、2年ごとに役員の変更登記をせずに済むので、登記にかかる手間やコストが削減できます。

03-15 （会社になると）株主総会を開催しなくてはならない

株主総会とは、株主を構成員とした株式会社の基本的な方針や重要事項を決定する機関です。毎事業年度終了後一定の時期に必ず開催しなければならないものを「定時株主総会」と言います。必要に応じて開催されるものを「臨時株主総会」と言います。

株式譲渡制限会社で取締役会を設置しない会社の株主総会

取締役会を設置しない株式会社では、取締役会を設置している株式会社よりも招集手続が簡素で、決議事項が拡大されています。

株主総会の招集手続きと決議事項

	取締役会なし	取締役会あり
招集手続き	1週間までに口頭での通知でもよい	2週間前までに書面または電磁的方法で通知する
決議事項	株式会社の組織、運営、管理、その他の株式会社に関する一切の事項	法律に規定する事項および定款で定めた事項

株主総会で決議される主なこと

・計算書類の承認……この承認を経て決算が確定します
・役員報酬の改定……役員の給与を決定します
・取締役改選……取締役を決定します
・代表取締役選定……代表取締役を決定します

自分以外の株主がいれば、総会で報告して承認が得られる経営が必要！

定時株主総会の開催時期

一般的な会社では、その期の決算日を迎えてから2カ月以内に行います。法人税や消費税の申告書の提出期限も決算日から2カ月までですが、決算書類を整えてから株主総会の準備をしましょう。

株主総会の議事録の備え付け

株主総会を開催したら議事録を作成し、会社に備え付けなければなりません。議事録の保管期間は株主総会の日から10年間と会社法で規定されています。

よく使われる議事録のサンプル

計算書類の承認と役員報酬の改定のパターンの議事録のサンプルをつけてみました。第1号議案が計算書類承認の件、第2号議案が取締役の報酬額改定の件、これ以外に議案があれば、第3号議案、第4号議案というように、適宜追加します。

定時株主総会議事録サンプル

定時株主総会議事録

平成〇〇年〇月〇日午前〇〇時〇〇分から、当会社の本店において定時株主総会を開催した。

発行済株式総数	〇〇〇株
この議決権を有する総株主数	〇名
この議決権の数	〇〇〇個
出席株主数（委任状出席を含む）	〇名
この議決権の数	〇〇〇個

出席役員　代表取締役　〇〇〇〇（議長兼議事録作成者）
　　　　　取締役　〇〇〇〇

上記のとおり定足数に足る株主の出席があったので本会は適法に成立し、議長は開会を宣言し、ただちに議事に入った。

第1号議案　計算書類承認の件

議長は、当期(平成○年○月○日から平成○年○月○日まで)における事業状況を事業報告により詳細に説明報告し、次の書類を提出してその承認を求めたところ、出席株主は満場一致をもってこれを承認した。

①貸借対照表
②損益計算書
③株主資本等変動計算書
④個別注記表

第2号議案　取締役の報酬額改定の件

議長は取締役の報酬額を下記のとおり改訂したい旨を述べ、その賛否を諮ったところ、出席株主は、満場一致をもってこれに賛成した。

取締役　○○○○　　　月額○○万円以内
取締役　○○○○　　　月額○○万円以内

以上をもって本日の議事を終了したので、議長は、午前○○時○○分、閉会を宣した。

上記の決議を明確にするために、この議事録を作成する。

平成○○年○月○日
株式会社ソシム販売定時株主総会
代表取締役　○○○○　㊞
取締役　○○○○　㊞

03-16 （会社になると）決算期を好きな時期に組むことができる

個人事業主は、すべて暦年（1月1日から12月31日）の期間を決算期間として、それ以外の期間で決算を組むことができません。確定申告についても、その翌年3月15日までに提出する期限については共通で、それ以外の決算期間、申告期限を選ぶことができません。

これに対して会社は、原則として1年以内の決算期間であれば、長さも決算期も自由に選ぶことができ、その決算期間の末日から原則として、2カ月以内の申告期限も結果として選ぶことができます。

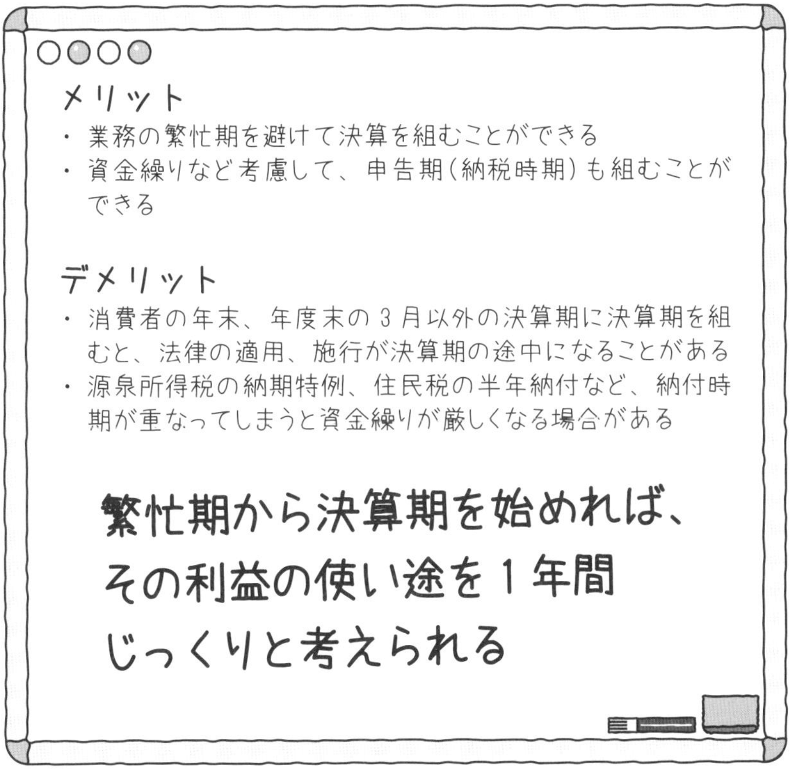
メリット
・業務の繁忙期を避けて決算を組むことができる
・資金繰りなど考慮して、申告期（納税時期）も組むことができる
デメリット
・消費者の年末、年度末の3月以外の決算期に決算期を組むと、法律の適用、施行が決算期の途中になることがある
・源泉所得税の納期特例、住民税の半年納付など、納付時期が重なってしまうと資金繰りが厳しくなる場合がある
繁忙期から決算期を始めれば、
その利益の使い途を1年間
じっくりと考えられる

スーパーなどの決算はなぜ2月決算なのか

会社の決算は、会社の都合によって時期を選ぶことができます。申告期限はその決算期末から２カ月が原則なので、３月決算の法人では、５月末日までに申告をし、納税をすることとなります。

スーパーなどの小売業業態の決算に２月末決算が多いのは、商売的に２月末には冬物が終わり、春物が入ってくる前であるため商品の在庫が最も少なくなっていて、在庫棚卸に手間がかからず、決算数値も在庫に圧迫された状態にならないためです。

決算期を決めるときには、営む事業に季節的な繁忙期があるならば、少なくともその繁忙期が、決算期の終盤にはない方が決算数値の予想がつけやすく、予想外の納税をするような事態にならずに済みます。

もう１つ考慮すべきこととして、自分の趣味などの季節を念頭に置かれことをお勧めします。たとえばスキーなどのスポーツをする人が決算期を12月に組むと、出かけたいシーズンに決算のまとめを行わなければならなくなります。マリンスポーツや、釣りなど、心奪われる趣味を持っている人は、その最盛期に決算を行わないように注意してください。

10人未満の会社での資金繰りを考えた決算期

これは会社自体の税金ではなく預り金となりますが、源泉所得税や住民税の納期と、会社の法人税、消費税などの納税時期が重なると資金繰りにそれなりに負担となります。

10人未満の会社では、この源泉所得税を７月と１月、住民税は６月と12月にそれぞれ半年分ずつ支払っています。このいずれかの時期に、法人税や消費税の納税が重なる決算期は、避けておいた方が資金繰り的には楽です。もちろん、仕事の繁忙期などとの兼ね合いの方が重要ですが、これらを避ける決算期の例としては、３月、４月、９月、10月末の２カ月前の１月、２月、７月、８月末の決算であれば、消費税の確定および中間納付と源泉所得税や住民税の納付との間隔が少しは開けることができ、資金繰りに追い回されずに済みます。

決算期末は15日や20日にすることもできるが処理は複雑になる

会社の決算期間は1日から末日（30日や31日）が一般的ですが、それ以外の日付に設定することも可能です。

一昔前には家電販売店さんでは、仕入先であるメーカーさんの締日に合わせた15日締め、20日締めを決算期とするところが多く見受けられました。このような決算期は、最近はかなり減っています。これは例えば15日締めであれば、25日払いの給料や末日に支払う家賃などの計上、電気ガス水道などの公共料金の毎月の経費の計上が何月分になるのかなど、判断が複雑になってしまうからだと思います。

申告期限は1カ月間まで延長できる

会計監査を受けなければならない場合は、申請をして確定申告書の申告期限を1カ月延長することができます。ただし、これはあくまでも申告期限であって、納付期限は通常の決算末日から2カ月後となり、その時期に額の確定ができていない場合には見込み納付を通常します。

この延長が認められるのはあくまでも法人税と法人住民税、事業税で、消費税は原則通りの2カ月以内となります。

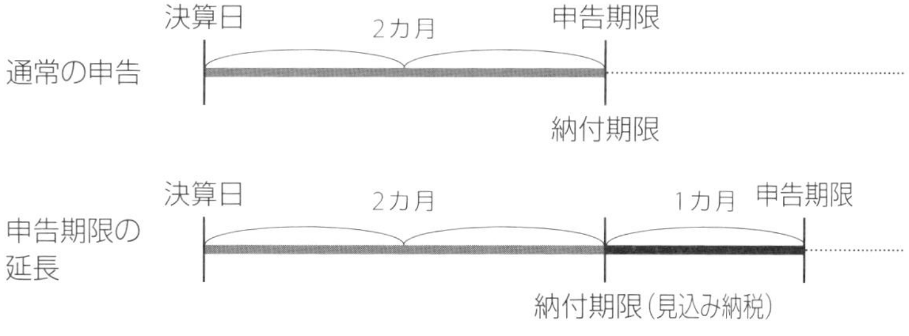

申告が延長できるのは法人税・法人住民税・事業税のみ
消費税は申告の延長は認められない

会社の決算期は容易に変更できる

会社の決算期は容易に変更ができます。決算期が変更されても登記の必要はありません。決算期の変更は定款を変更して実施します。

決算期の変更方法

株主総会（定時もしくは臨時）を開いて、決算期の変更を決議し、議事録を作成します。法務局に届け出る必要はありませんし、改めて公証人役場に行って定款の認証を受ける必要もありません。しかし、税務署・都道府県税事務所・市町村長には、決算期変更を伝える異動届出書を提出します。

Column

決算期を変更する理由って？

節税目的などで、決算期を変更することがあります。例えば、あと数カ月で決算期日を迎える会社が、決算期日ぎりぎりに大きな利益を出しそうな場合、その前に決算期を前倒しして変更し、来期にその利益を計上します。その間に役員報酬の改定をしたり、必要な設備投資をしたりと、ゆっくりと節税対策に取り組むことができます。

裏技的に覚えておくとよいでしょう。

03-17 （会社になると）跡継ぎにバトンを渡しやすい

個人事業主が、その営んでいた事業を子息などの親族に継がせようとしたときに、引継ぎしがやすいのは圧倒的に「会社」です。「会社」であれば、計画的に長い年数をかければスムーズに事業承継ができます。

一方で個人の場合は、株式の仕組みを使うような事業を分割して行うような承継が難しく、他の財産とともに相続財産にカウントされた瞬間から、事業承継を予定している親族以外の親族との間で、分割を争う場合も多々あります。

メリット

- 他の財産と事業財産の区分を明確にすることができる
- 株式など、分割して事業財産を承継していくことが可能
- 税制も含めて、親族以外への承継の道が準備されだした

デメリット

- 会社にストックした財産は、株式の所有を通してしかコントロールできない
- 親族以外を後継者候補にできてしまう

相続時精算課税を利用して事業の一部でも、生前に家族に先渡しできる

「会社」であれば分割で渡していける

はるか先のことではあっても、いずれ自身の築き上げてきた事業を誰かに承継してもらうときがやってきます。このときに個人事業主であるか、会社になっているかで対応が大きく異なってきます。

個人事業であれば、事業用の財産と債務の差額が、単純な事業財産の価値です。これを現在の個人事業主から、跡継ぎである個人事業主（通常は親族）に引継ぐためには、事業の譲渡または贈与を受けるか、現在の事業主が亡くなった後に相続を受けるかのいずれかです。

内容的には「会社」である場合にも、ほぼ同様ですが、大きく違うのは、「会社」の場合は、株式という小分けされた媒体（財産などの所有権の集合体）を通して、分割してこれらを行うことが可能であることです。

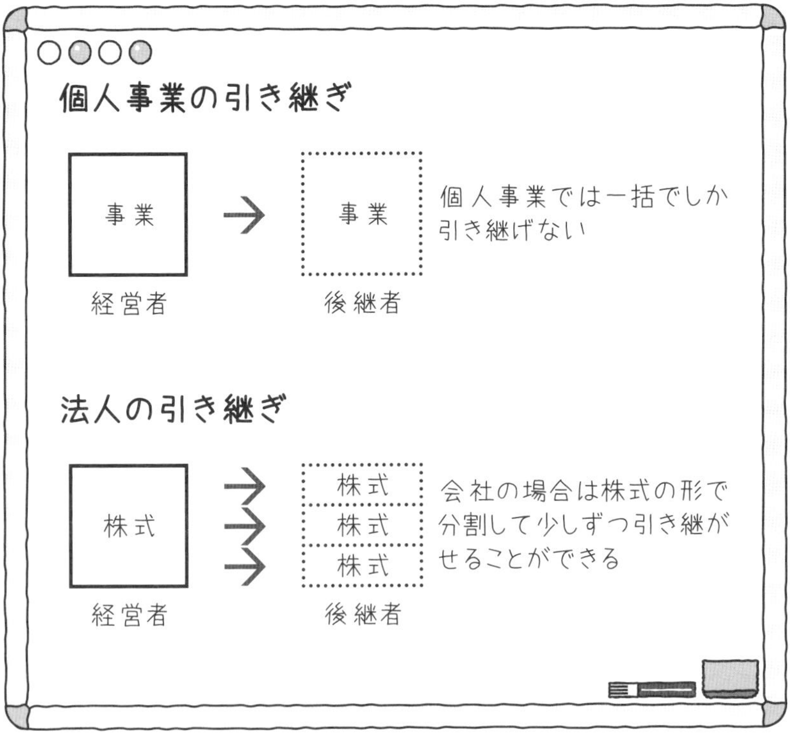

事業承継税制の改正

中小企業の事業承継を円滑に進めることを目的として平成20年5月に「中小企業における経営の承継の円滑化に関する法律」が成立し、この法律に基づき平成21年4月より施行された、「相続税の納税猶予制度」および「贈与税の納税猶予制度」が、平成25年度税制改正において改正されています。事業承継税制の改正のポイントは以下の通りです。

- 事前確認の廃止～経済産業大臣の事前確認無しで平成25年4月より利用可能に。
- 親族以外も可能～平成27年1月より後継者を親族以外からも対象に。
- 雇用維持要件の緩和～5年間毎年→5年間平均で8割以上に。平成27年1月より。
- 納税猶予打ち切りリスク・役員退任要件の緩和、債務控除方式の変更など

財産の区分が明確になる

事業に関わる財産と、それ以外の財産が区分をされるため、相続などのときに、事業を受け継ぐ相続人とそれ以外の相続人がいる場合、事業を受け継ぐ相続人がいない状態で親族以外の跡継ぎと相続人がいる場合に、事業を継続するために必要な財産を巡った争いなどが起きにくくなります。

03-18 小規模企業共済に加入しよう

小規模企業共済は、小規模企業の個人事業主が事業を廃止した場合や会社等の役員が役員を退職した場合などに、それまで積み立てた掛金に応じた共済金を受け取ることができる共済制度です。

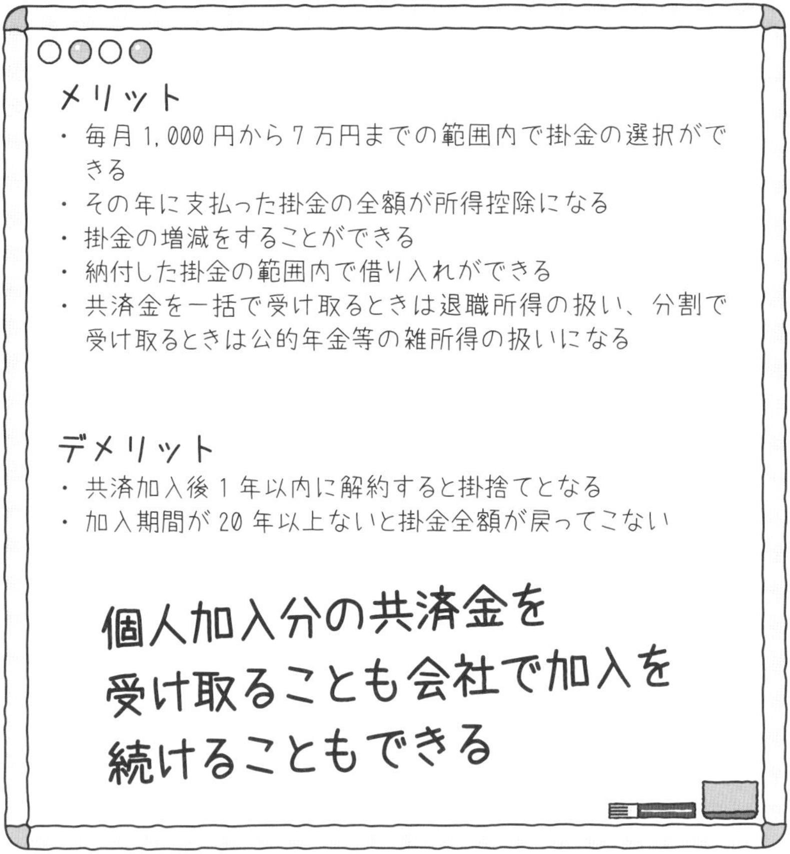
メリット
・毎月1,000円から7万円までの範囲内で掛金の選択ができる
・その年に支払った掛金の全額が所得控除になる
・掛金の増減をすることができる
・納付した掛金の範囲内で借り入れができる
・共済金を一括で受け取るときは退職所得の扱い、分割で受け取るときは公的年金等の雑所得の扱いになる
デメリット
・共済加入後1年以内に解約すると掛捨てとなる
・加入期間が20年以上ないと掛金全額が戻ってこない
個人加入分の共済金を受け取ることも会社で加入を続けることもできる

所得税の節税対策に有効な小規模企業共済

小規模企業共済のその年に支払った掛金は、所得税に申告において全額所得控除ができます。毎月7万円を掛金としていたら、その年の控除額は84万円です。生命保険料控除が最大13万円、地震保険料が最大5万円ですから、その効用度の高さは他に類をみません。毎月、定期積金をする感覚で、なおかつ、節税までできてしまう優れものなのです。

小規模企業共済を運営する独立法人中小企業基盤整備機構のWebページ
（http://www.smrj.go.jp/skyosai/index.html

加入できる人

- **建設業、製造業、運輸業、不動産業、農業などを営む場合**

  常時使用する従業員の数が20人以下の個人事業主または会社の役員

- **商業（卸売業・小売業）、サービス業を営む場合**

  常時使用する従業員が5人以下の個人事業主または会社の役員

この制度に加入した後で、従業員が増加したことにより加入要件を満たさなくなったとしても共済契約は継続できます。加入するならお早めに。

03-19 （会社になると）取引先からの信用度が上がる

78ページにある、融資を受ける場合における「会社」であることの信用とは異なって、取引先から見た場合には、どちらが「信用がある」と思われるのでしょうか？

「大差が無い」というのが結論です。

メリット

- 会社は潰し逃げができる
- 会社の決算書のみを信用の基盤とすることができる
- 信用はいずれ属人的な信用から、組織としての信用になる可能性がある

デメリット

- 個人保証を取られれば、個人と同じく結果として無限責任
- 創立間もないうちは、その年数の経歴として判断されやすい

小さな会社ならば、取引先は決算書よりもその「ヒト」となりを見て取引する

取引相手としての「信用」はどちらがあるのか？

取引相手としての「信用」は、設立したての会社と、個人事業では大差ない、が実際です。サイズの小さな会社であれば、取引相手としての与信についても、会社であるというだけの理由では、一般的には営業保証金などの範囲以上の上積みはありません。

むしろ、個人と違って会社は有限責任であるため、「潰し逃げ」ができる分だけ危ないと思っている人すらいます。取引相手としての「信用」は、これまでの取引の実績や財産や営業状況、差入れ保証金によるもので、会社であるか個人であるかにはあまり左右されない、とお考えください。

「信用」の判断が、属人的なものから組織的になる？

取引先としての信用を「会社」で得られるようになるのには、いささか時間はかかりますが、もう１つ良い点があるとすると、いずれは「会社」の実績が信用となり、それは社長個人の顔だけでつないでいる信用よりは、次世代にも引き継ぎやすいものとなるということです。

03-20 （会社になると）名刺に「社長」と書ける

名刺や看板、封筒などに「株式会社」や「合同会社」などの会社名や、「代表取締役」や「取締役」などの記載をすることは、個人事業主は法的に認められません。店名などの屋号や「代表」と名乗ることはできますが、「社長」との記載は誤認の恐れがあるため、好ましくありません。

メリット

・会社であることを名刺や、看板、封筒などに記載することができる
・取締役や代表取締役であることを、同じく名刺などで記載することができる

デメリット

・会社ではないのなら、会社と紛らわしいような名称は使用できない
・会社を代表して行う取引には責任がともなう

社長は箔がつく肩書きだけでなく、会社と一心同体、責任を担うヒトです

会社の名前の決まりごと

会社は、株式会社、合名会社、合資会社または合同会社の種類に従って、それぞれその名前に株式会社、合名会社、合資会社または合同会社という文字を使わなければなりません。

また、会社は、その名前の中に、他の種類の会社であると誤認されるおそれのある文字を使うこともできません。つまり、「株式会社　合名会社」のように、「ゴウメイガイシャ」という株式会社の名前は禁じられています。

代表取締役や取締役の表示は会社だけに許される

個人事業主の場合、名刺に代表取締役や取締役とは書けません。これらは登記されてはじめて名乗ることができる法律上の地位です。どの辺りまでが可能なのかといえば、屋号（店名やブランド名）と「店長」や「代表」などの記載までとなります。

たとえば、屋号を「兄弟社」とつけて、そこの代表であるからと「社長」と名乗るのは、どうでしょう。まずは屋号として「社」の文字を使うことが、会社と誤認させるおそれがあり、会社法に抵触する可能性があります。その上に「社長」を名乗ると、会社であるとの誤認をより助長する可能性があるため、好ましくないということになります。

ちなみに、名刺などの印刷を受ける店舗では、会社でもないのに「会社」や「取締役」、「社長」などの肩書の名刺の印刷を断わるところがあります。また、店舗によっては登記簿謄本の提示を求めるところもあるようです。

会社の名刺の肩書きは「飾り」ではない

名刺に箔をつけるために肩書きを加えることがありますが、行き過ぎると、その肩書きでした約束は「会社がした」ものとされる場合があります。

会社を代表する権限を有すると認められる名称には、「取締役会長」「専務取締役」「常務取締役」などがあります。実際には権限はなくても、代表権のありそうな肩書きを許していた場合には、「表見代理」といわれて、代表取締役ではなくても善意の第三者に対しては代表がした有効な契約と扱われます。

03-21　（会社になると）社会保険への加入が義務づけられる

個人事業主では国民健康保険と国民年金保険へ加入しているはずですが、会社を設立し、会社から給与の支払いを行う場合は、社会保険（健康保険・介護保険・厚生年金保険）への加入が義務となります。

社会保険への加入は、事業を会社にしたときの大きな負担増の１つですが、事業の発展のために会社を作るのであれば、必要な優秀な人材を確保するためのコストと理解する必要があります。また、節税対策としての意味合い、経営者自身の将来の保障を充実させるという意味でも、社会保険への加入はメリットとなります。

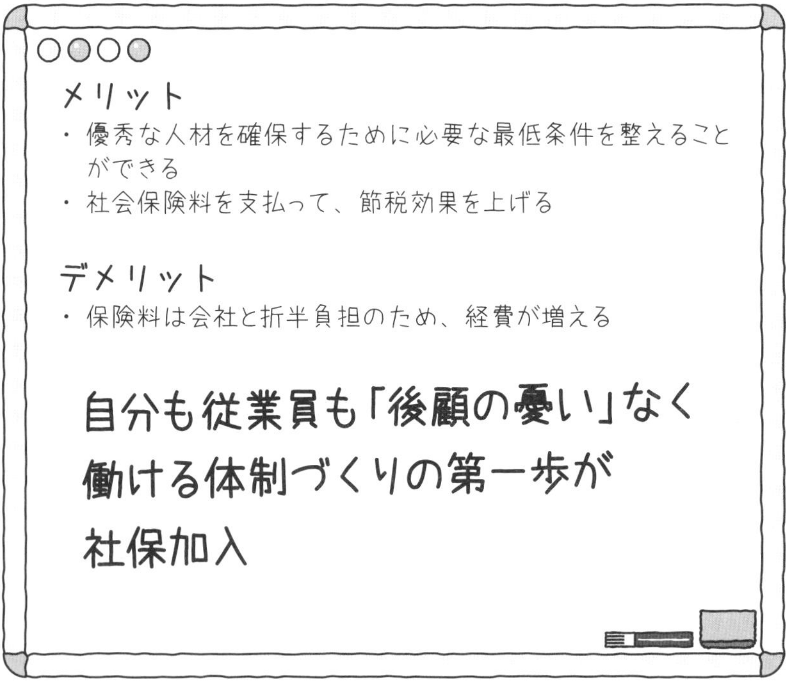
メリット
・優秀な人材を確保するために必要な最低条件を整えることができる
・社会保険料を支払って、節税効果を上げる
デメリット
・保険料は会社と折半負担のため、経費が増える
自分も従業員も「後顧の憂い」なく働ける体制づくりの第一歩が社保加入

社会保険とは

社会保険とは、健康保険・介護保険・厚生年金保険の総称です。

健康保険は、業務外の負傷、疾病などにより必要な保険給付を行い、介護保険は、加齢が原因で起こる疾病などにより要介護状態となった場合に必要な給付を受けることができます。

厚生年金保険は公的な年金保険で、老後の生活を支えてくれる老齢厚生年金や、障害者になったときや死亡したときなどに年金や一時金の形で給付を受けることができます。

個人事業でも労働者を雇っている場合は、社会保険への任意加入ができますが、加入は労働者のみで個人事業主は加入することができません。そのため、個人事業主は国民健康保険と国民年金保険へ加入せざるを得ませんでした。

社会保険料は会社が半分負担してくれる（会社の経費となる）

社会保険の保険料は、従業員と会社で折半して支払うため、会社の支払う費用が多くなりますが、会社が支払った保険料は経費となります。そのため、節税効果があると考えられます。

また、将来的に業種や規模等の要件により業種別の健康保険組合に加入できる場合は、保険料が安くなったり、特別な給付が受けられる可能性もあります。

社会保険料は半分ずつ

給与額別の健康保険・介護保険の保険料参考表

給与月額	健康保険料	介護保険料	合計（折半負担）		
			保険料計	会社負担	従業員負担
20万円	19,940円	3,440円	23,380円	11,690円	11,690円
40万円	40,877円	7,052円	47,929円	23,965円	23,964円
120万円（上限額）	120,637円	20,812円	141,449円	70,725円	70,724円

※介護保険は、40歳以上65歳未満の方のみです。
※平成26年4月1日現在の東京都の保険料率に基づきます。

上記の表は、給与が20万円、40万円、120万円のときの月額の健康保険料と介護保険料となります。この表を見ると、20万円の給与を払うときには約1万2000円、40万円の給与を支払うときには約2万4000円の負担が給料とは別に会社に掛かってくることになります。

厚生年金保険料は国民年金保険料と比べて高い？

厚生年金保険料は、毎月の給与月額に応じて決定されます。決定された厚生年金保険料を会社と従業員で折半負担することになります。厚生年金保険料が、給与月額で決定されるのに対し、国民年金保険料は、その者の年収に問わず、一律約15,000円と決められています。

給与月額	厚生年金保険料	会社負担	従業員負担
20万円	34,240円	17,120円	17,120円
40万円	70,192円	35,096円	35,096円
62万円（上限額）	106,144円	53,072円	53,072円

※平成26年4月1日現在の保険料率に基づきます。

上記の表は、前述の健康保険・介護保険料の表と同様に、給与が20万円、40万円、62万円のときの月額の厚生年金保険料となります。こちらも給与が20万円のときには約1万7000円、給与が40万円のときには約3万5000円を会社が負担することになります。

前述の健康保険・介護保険と合わせると、20万円のときの合計の負担が約2万9000円、40万円のときは約5万9000円と給与以外にかなり重い負担が会社に掛かることがわかります

Column

厚生年金保険の被保険者は、国民年金の保険料も支払っている？

社会保険に加入すると厚生年金保険の被保険者となりますが、実は国民年金の被保険者でもあります。厚生年金保険料の中には、国民年金保険料も含まれているのです。

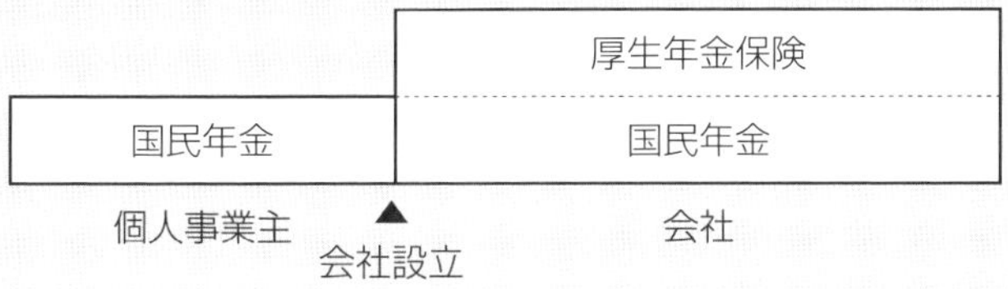

Column

協会けんぽの健康保険

中小企業などで働く従業員やその家族が加入している健康保険は、以前は国（社会保険庁）が政府管掌健康保険として運営していましたが、平成 20 年 10 月 1 日からは新たに設立された全国健康保険協会で運営することとなりました。この協会が運営する健康保険の愛称を「協会けんぽ」といいます。

協会けんぽは、市区町村が運営する国民健康保険よりも給付の種類などが多く、会社を退職した後も継続して協会けんぽに加入し続けられる任意継続制度などがあります。

また、保険料については、都道府県ごとに定められているので、事業所の所在地により保険料が異なる場合があります。

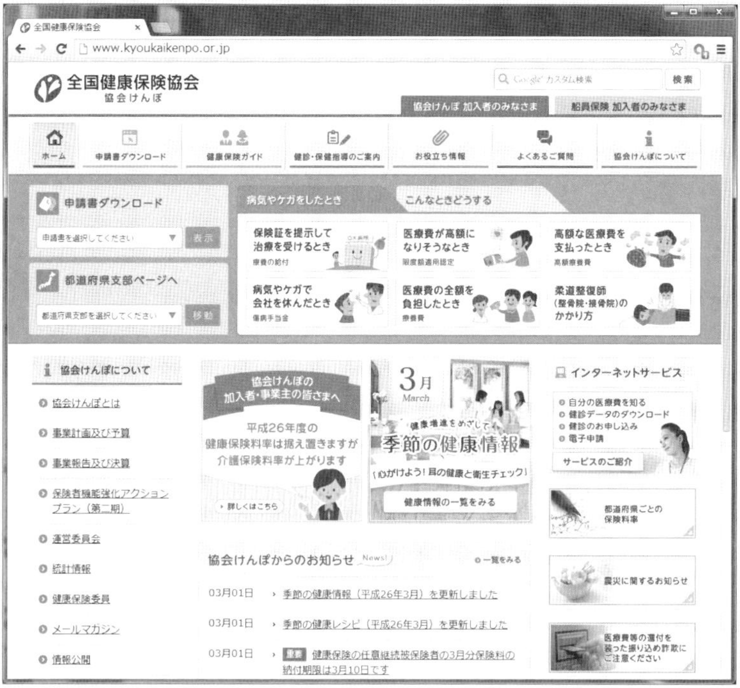

03-22 （会社になると）経営者も社会保険に加入できる

個人事業主が会社を設立し、会社より給与の支払いを行う場合は、社会保険加入が義務となり、経営者も社会保険の対象となります。

個人事業主でも労働者を雇っている場合は、社会保険に任意加入できますが、加入できるのは労働者のみで個人事業主は加入することができません。

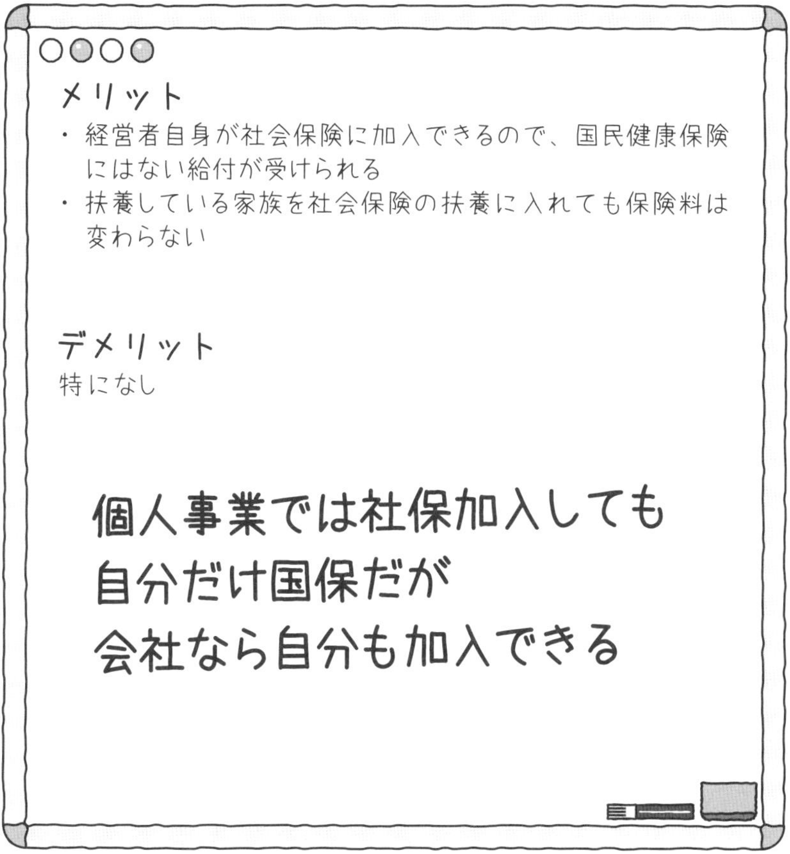
メリット
・経営者自身が社会保険に加入できるので、国民健康保険にはない給付が受けられる
・扶養している家族を社会保険の扶養に入れても保険料は変わらない
デメリット
特になし
個人事業では社保加入しても
自分だけ国保だが
会社なら自分も加入できる

扶養家族も一緒に加入できる

加入者に扶養家族がいる場合、健康保険の被扶養者に加入できます。社会保険は、月額給与の額に応じて保険料が決定されるため、被扶養者が何人いたとしても徴収される保険料は同じです。

国民健康保険は、扶養家族が1人増えることにより保険料も増えていくので、扶養家族が多い方は社会保険の方が得になります。

健康保険の方が手厚い給付が受けられる

健康保険は、国民健康保険より手厚い給付が用意されています。主なものは、「傷病手当金」「出産手当金」です。

これは、休業をしていて会社から給与が支給されない者に対する所得保証として支給されるもので、国民健康保険では、このような給付はありません。

傷病手当金は、業務外の疾病やけがで仕事ができず、会社を休業していて会社から給与が支給されない場合に給与額の3分の2が受給できる（最長1年6か月間）ものです。

ケガにより労働できない

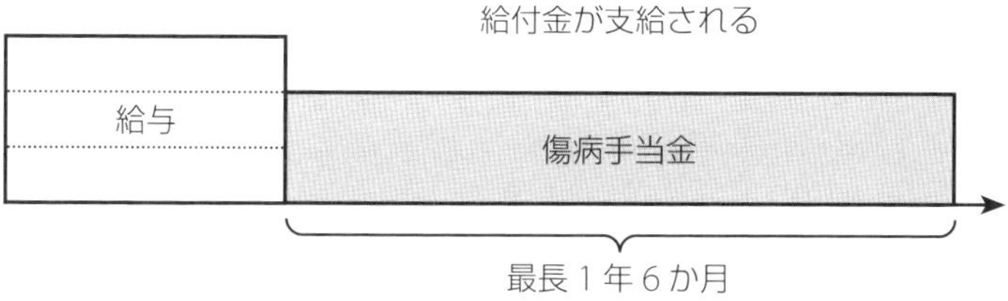

出産手当金は、加入者本人が産前産後の休業により仕事ができず、会社から給与が支給されない場合は、給与額の 3 分の 2 が受給できます（約 98 日分）。

出産のため労働できない

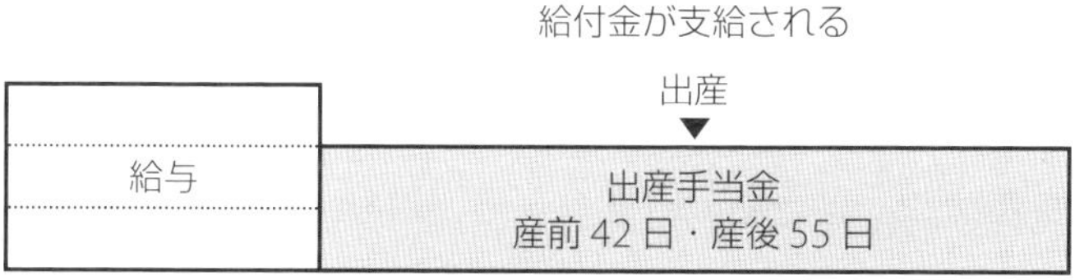

介護保険の給付の種類

介護保険は、身体上または精神上の障害があるため、入浴、排せつ、食事などの日常生活における基本的な動作について介護が必要な状態である場合に給付が行われます。

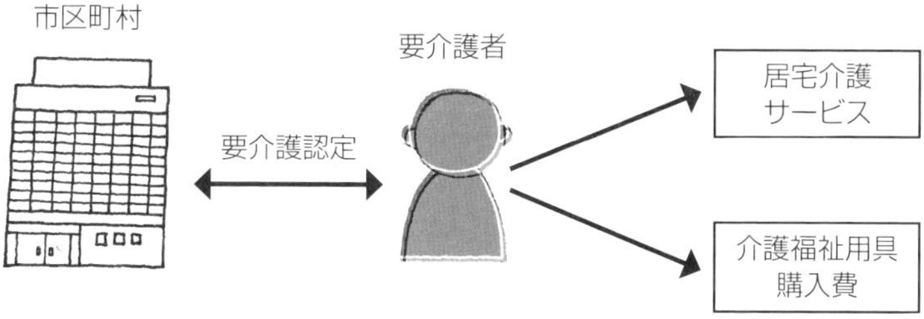

03-23 (会社になると)経営者も厚生年金保険に加入できる

法人になると、厚生年金保険への加入が義務づけられます。経営者自体の年金も、これまでの国民年金保険から厚生年金保険へ切り替わることになります。

メリット

- 扶養している配偶者がいる場合、国民年金第3号被保険者になれる
- 将来もらえる年金額が増える

デメリット

- 保険料は会社と折半負担のため、経費が増える

国民年金より割高だが保険料には配偶者の国民年金分も含まれている

厚生年金保険とは

厚生年金保険とは、公的な年金保険で老後の生活を支えてくれる老齢厚生年金や障害者になった場合に支給される「障害厚生年金」、死亡した場合に遺族に支給される「遺族厚生年金」などがあります。

これらは、国民年金にもありますが、受給できる金額を比較すると厚生年金保険の方がはるかに高いものになります。

配偶者は国民年金第3号被保険者になれる

加入者に扶養する配偶者がいる場合、国民年金第３号被保険者となることができますが、この場合、厚生年金保険の保険料の負担は一切かかりません。

国民年金であれば、本人と配偶者の両者に保険料納付義務があるため、世帯全体でみると約30,000円（15,000円×２名分）かかることになります。

国民年金に加入

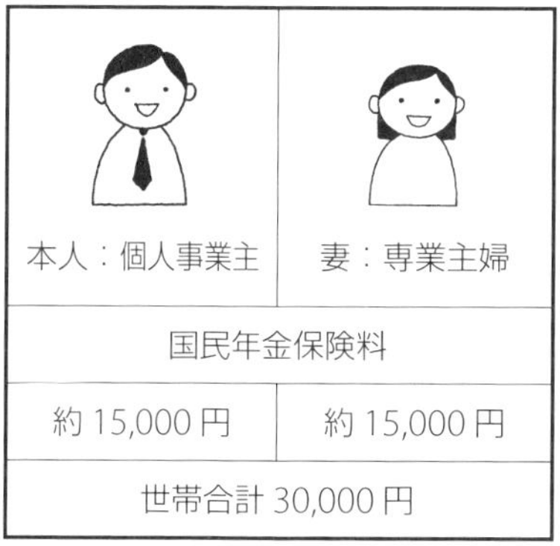

厚生年金に加入
（給与20万円の場合）

受給できる年金額が国民年金より多くなる

厚生年金保険は、国民年金よりも保険料の負担が多くなります。その分、将来受給できる年金額は厚生年金保険の方が、はるかに多くなります。

例えば、20歳から60歳までの40年間を国民年金で納めた場合と厚生年金で納めた場合では以下のように受給額が違います。

国民年金：約78万円（年間）　厚生年金：約200万円（年間）

このように納める保険料も高いですが、将来受給できる年金額にも大きく影響をします。

03-24 （会社になると）さまざまな助成金を受けやすくなる

助成金は、融資と異なり、国からもらえる返済不要のお金です。助成金は雑収入となり、利益率100%の売上利益と見ることができます。個人業主でも受けることができる助成金はありますが、法人ではより広い範囲で助成金を受けることが可能となります。

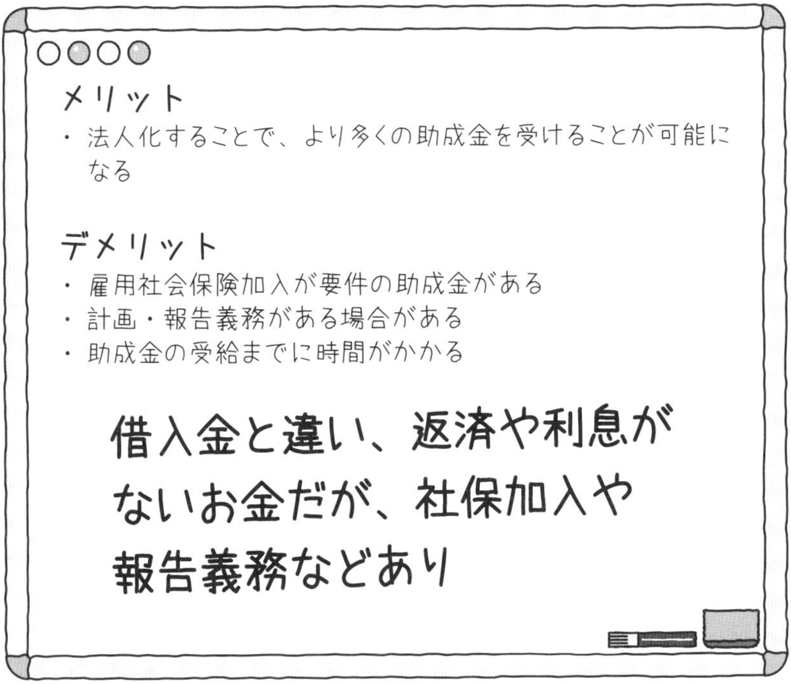
メリット
・法人化することで、より多くの助成金を受けることが可能になる
デメリット
・雇用社会保険加入が要件の助成金がある
・計画・報告義務がある場合がある
・助成金の受給までに時間がかかる
借入金と違い、返済や利息がないお金だが、社保加入や報告義務などあり

助成金とは

助成金とは、雇用の創出や研究開発などを行った事業主に対して、厚生労働省等からもらえる返済不要のお金を言います。助成金は、毎年国の予算内で運営されているため、助成金の新設・廃止、助成金額の見直しが行われて

います。近年では雇用促進や経済活性化の対策としてさまざまな助成金があるので、是非ご活用してみてください。

助成金にはどんなものがある？

助成金は、雇用の安定、職場環境の改善、仕事と家庭の両立支援、従業員の能力向上などを行った会社が一定要件を満たしている場合に受給できます。ここで主な助成金を挙げますが、これ以外にもたくさんの助成金が存在します。

種類	主な助成金
①雇用維持	雇用調整助成金
②再就職支援	再就職支援奨励金
③高年齢者・障害者等	特定求職者雇用開発助成金
④雇入れその他	トライアル雇用奨励金
⑤雇用環境の整備	中小企業労働環境向上助成金
⑥仕事と家庭の両立支援	両立支援助成金
⑦キャリアアップ・人材育成	キャリア形成促進助成金

助成金を受けるための最低限の要件

受ける助成金にもよりますが、①雇用保険適用事業所の事業主であること、②期間内に申請を行う事業主、③支給のための審査に協力する事業主が受給対象となります。

このため、会社を設立して労働者を雇って雇用保険の適用を受けた会社は、助成金を活用できる会社になったということになります。

また、助成金は申請期限を１日でも過ぎると受給できないので、助成金を受ける場合は、期限には充分に注意する必要があります。

申請から助成金受給までの流れ

助成金の多くは、その行為を行う前に「計画」の認定を受ける必要があるため、助成金の支給要件に該当していたとしても、すでに着手していたり、完了した後で申請したとしても助成金はもらえません。

「計画」の認定を受け、計画通り実施した結果、助成金の支給要件を満たした場合に「支給申請」する流れとなります。

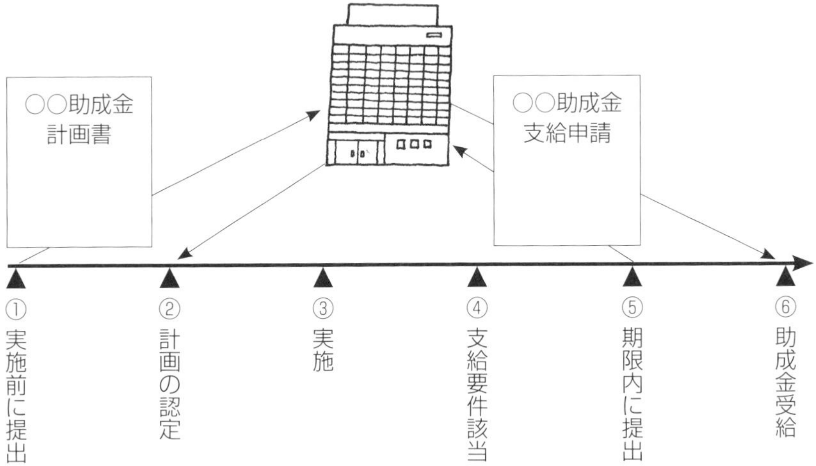

助成金は申請すれば、すぐにもらえる？

助成金は、支給申請すればすぐにもらえる訳ではありません。上記のようにまず計画から始まり、実施し、支給申請を行ってさらに助成金を受け取るまでに３カ月くらいかかります。助成金を事業資金に充てようと考えるよりは、忘れたころに入っているものという認識でいる方が良いでしょう。

助成金の申請手続きは自分でもできる？

助成金を申請するには、計画書や支給申請の他に大量の添付資料を提出して、審査を受ける必要があります。添付資料の中には、賃金台帳・労働者名簿等の労務に関わる資料や税務・事業に関わる許認可なども必要です。

また、助成金は、毎年、改廃されるため、今年あった助成金が来年も同様の要件であるとは限りません。助成金を受けようと思っている場合は、社会保険労務士などの助成金の専門家に相談し、最新の情報を得た上で、活用するのがよいでしょう。

また、助成金は経理上「雑収入」となり、利益率100%の売上利益と見ることができます。下図は、利益率が30%の会社が助成金60万円を受給した場合の例です。利益率30%ということは、100万円を売り上げた場合、利益は30万円ということになりますが、利益率100%の雑収入（助成金）60万円を受給した場合、本来200万円の売り上げを上げたのと同じ効果があることになります。

助成金60万円を受給した場合（利益率30%の会社の場合）

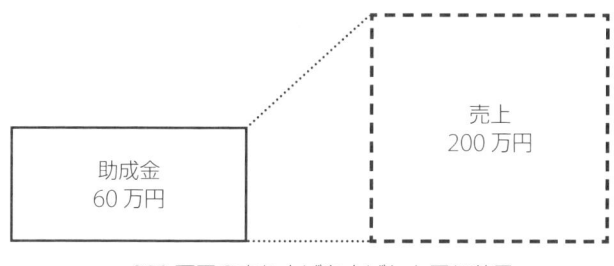

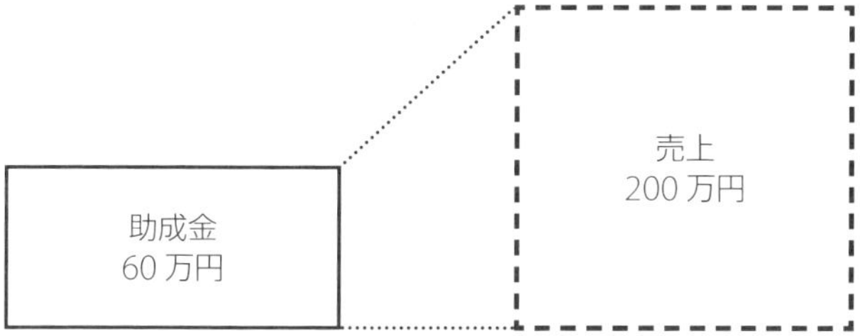

→ 200万円の売り上げを上げたと同じ効果

03-25 1人でも労働者を雇ったら労働保険に加入する

労働保険とは、労災保険と雇用保険の総称です。労働保険への加入は、会社と個人事業主で決まるのではなく、労働者を１人でも雇い入れた場合に加入義務があります。

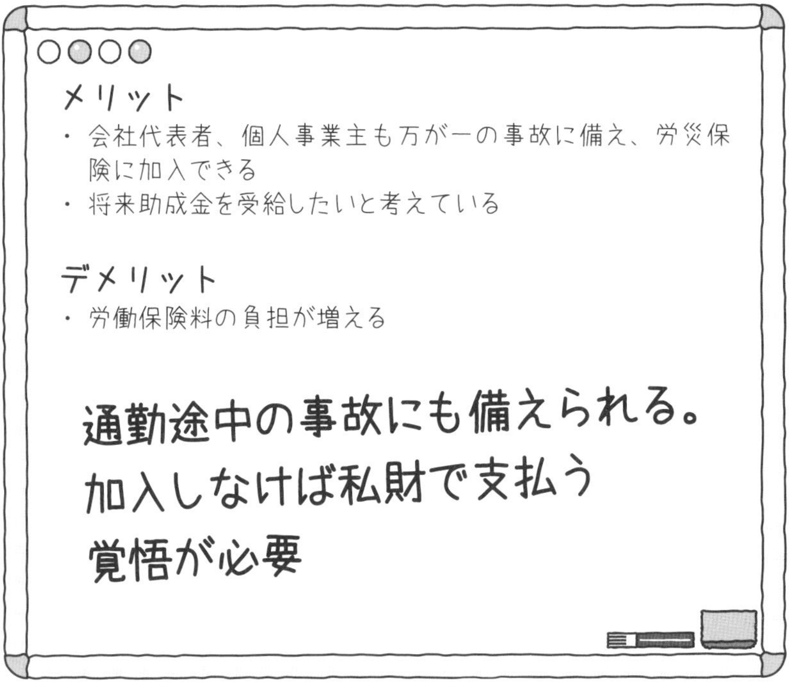
メリット
・会社代表者、個人事業主も万が一の事故に備え、労災保険に加入できる
・将来助成金を受給したいと考えている
デメリット
・労働保険料の負担が増える
通勤途中の事故にも備えられる。
加入しなければ私財で支払う
覚悟が必要

労働保険とは

労働保険は、雇用された労働者に対する保障を行うもので、労災保険と雇用保険があります。労災保険は、業務上および通勤中のけが、疾病、傷害、死亡等に対して必要な保険給付を行います。もう１つの雇用保険は、労働者が失業した場合等に対して必要な給付を行います。

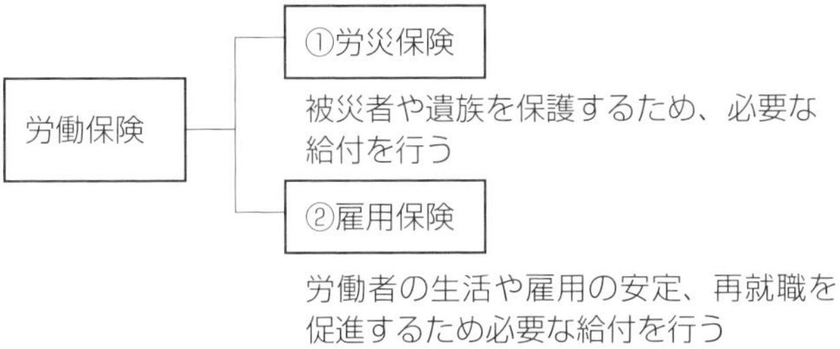

「雇用された労働者に対する保障を行うもの」であるため、社会保険と違い、会社・個人事業主を問わず、「労働者を雇用した」ときに労働保険の加入義務が発生します。ここでいう労働者とは、正社員や契約社員はもちろん、パート・アルバイトも含まれます。個人事業主でも労働者を雇った経験がある人であれば、加入したことがあるはずです。

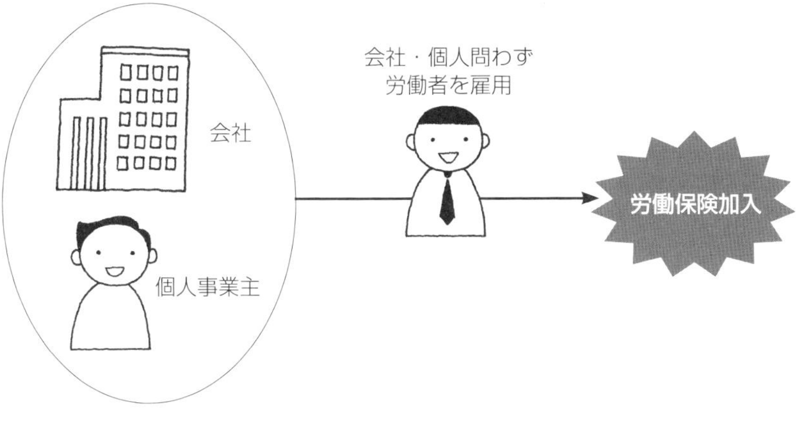

個人事業主や会社の代表者も条件付きで加入できる

会社代表者や個人事業主の場合、通常は労災保険に加入できませんが、小さな規模の会社の場合は、社長であっても従業員と同様の仕事をすることが考えられるため、労災保険の特別加入制度が設けられています。万が一の事故に備え、特別加入はしておいた方がよいでしょう。

労災保険の給付にはどんな種類がある？

労災保険は、労働者の業務上および通勤中のけが、疾病、傷害、死亡などに対して必要な保険給付を行いますが、主に以下のような種類の給付があります。

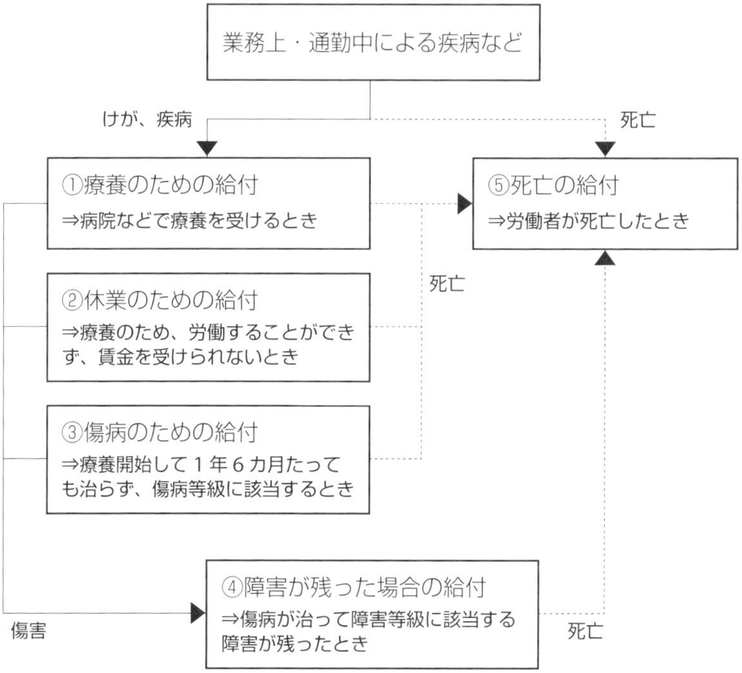

業務上・通勤中による疾病など
けが、疾病
死亡
①療養のための給付
⇒病院などで療養を受けるとき
⑤死亡の給付
⇒労働者が死亡したとき
②休業のための給付
⇒療養のため、労働することができず、賃金を受けられないとき
死亡
③傷病のための給付
⇒療養開始して１年６カ月たっても治らず、傷病等級に該当するとき
④障害が残った場合の給付
⇒傷病が治って障害等級に該当する障害が残ったとき
傷害
死亡

雇用保険の給付にはどんな種類がある？

雇用保険は、労働者が失業した場合等に対して必要な給付を行いますが、主に以下のような種類の給付があります。

①求職者の給付 ⇒労働者が失業していて求職しているとき	③教育訓練の給付 ⇒労働者が教育訓練をうけるとき
②就職促進の給付 ⇒求職者給付の受給中に就職が決まったとき	④雇用継続の給付 ⇒労働者が育児・介護休業中、賃金を受けられないときなど

労災保険料・雇用保険料はいくらになる？

労災保険料は、4月から翌年3月までの1年間の給与・賞与等の総額に労災保険料率を掛けて算出されます。労災保険料率とは、業種ごとに定められており、通信業・出版業の1000分の2.5から水力発電施設・ずい道業の1000分の89と労災事故の多い業種ほど料率が高く設定されています。なお、労災保険料は、全額会社が負担することになります。

雇用保険料は、一般の事業の場合、保険料率は1000分の13.5でそのうち1000分の8.5が会社負担、1000分の5が従業員負担となります。

労災保険の手続きを行っていないときはペナルティがある

労災保険に加入義務があるにもかかわらず、故意または重大な過失により加入を怠っていた場合は、労災保険の保険給付額の全部または一部の費用徴収がされます。

故意

加入するよう指導が行われていたが加入していない

労災給付金

労災給付額の全部を費用徴収される

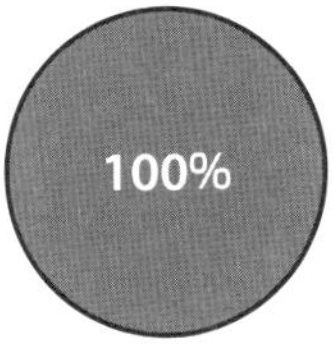

重大な過失

指導されてはいないが1年以上経過しても加入してない

労災給付金

労災給付額の一部を費用徴収される

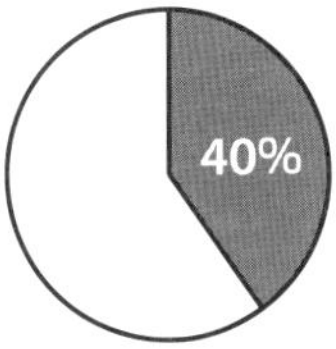

費用徴収される例を見てみましょう。

A社は、今まで労災事故を発生させたことがなかったことと、保険料の支払が負担になることから労災保険の加入手続を行っていなかった。しかし、労災事故が原因で従業員B（賃金日額1万円）が死亡してしまい、遺族に対し労災保険から遺族補償一時金1000万円（1万円×1000日分）の支給が行われた。

【故意と認定された場合】

労災事故が起こる以前にA社が都道府県労働局の職員から労災保険の加入手続を行うように指導を受けていたにもかかわらず、その後も労災保険の加入手続を行わなかった場合は、「故意」により手続を行わないものと認定され、保険給付額の100%の金額が費用徴収されます。この例の費用徴収の額は1000万円(遺族補償一時金の額×100%)となります。

【重大な過失と認定された場合】

労災事故が起こる以前に労災保険の加入手続を行うようA社が指導を受けた事実はないものの、労災保険の適用事業となったときから1年を経過して、なお手続を行わない場合には、「重大な過失」により手続を行わないものと認定され、保険給付額の40%の金額が費用徴収されます。この例の費用徴収の額は400万円(遺族補償一時金の額×40%)となります。

助成金の種類が増える

雇用保険の適用事業所でないと受けられない助成金があります。そのため、将来、助成金を活用していきたいと考えている場合は、労働者を一人でも雇って加入義務が発生した時点で雇用保険の適用事業所になっておくとよいでしょう。

雇用調整助成金	景気の変動などに伴い、事業活動の縮小を余儀なくされ、休業などを行った事業主に対して支給される。
特定求職者雇用開発助成金	高年齢者、障害者等の就職が特に困難な者をハローワークなどの紹介により雇用した事業主に対して支給される。
キャリア形成促進助成金	労働者の職業能力の開発向上のため、労働者に対して教育訓練などを行った事業主に対して支給される。

03-26 （会社になると）個人事業のときの資産や負債を法人の資本や負債として引き継げる

法律上、税法上では個人事業と法人は完全に別の扱いとなるため、個人事業のときに使っていた備品などを、そのまま法人で使用する場合には、個人から法人に移管する作業が必要になります。

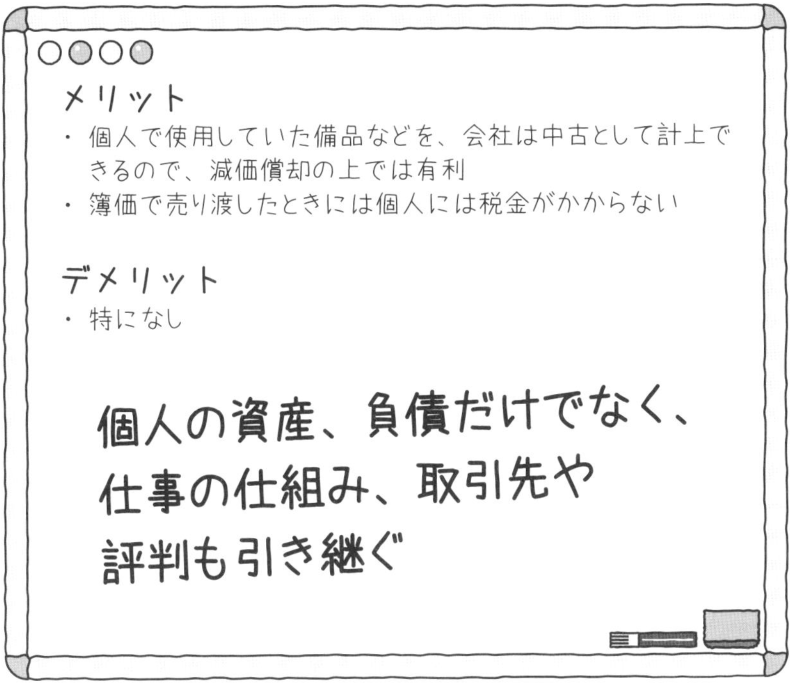

メリット
・個人で使用していた備品などを、会社は中古として計上できるので、減価償却の上では有利
・簿価で売り渡したときには個人には税金がかからない
デメリット
・特になし
個人の資産、負債だけでなく、仕事の仕組み、取引先や評判も引き継ぐ

個人のときの事業にかかわる資産や負債を資本金に組み入れることができる

法律上は、会社の設立登記において、これまで個人事業を営んできた事業用の資産や事業に関わる負債があるときに、これらを設立する会社の資本金に組み入れることができます。これを「現物出資」といいます。

一見すると得な制度のように思えますが、本書では現物出資を勧めません。その理由は、現物出資をするときの手続きがかなり煩雑で、とても現物出資の額に見合わないからです（発起人のみ、定款記載、裁判所選任の検査役による検査などの要件があります）。

実際には会社で個人の資産を買い取る形がベター

それでは、このような場合に実務ではどうするかといえば、まずは現金を資本金として会社を設立し、その後に個人から会社が個人財産（債務も）を買い取ります。

個人から買い取る価額は、基本としては個人事業の青色決算書・貸借対照表に計上されている未償却残高や簿価です（時価と大きな差がある不動産などは時価による場合もあります）。

なお、簿価で会社に売り渡している限り、個人にはその売り渡しによる利益はなく、課税されません。

また、個人の資産を買い取った会社にとっては、買い取った日に中古資産を購入したこととなり、減価償却において中古資産用の耐用年数を使用することができます（普通の耐用年数より早く償却することができます）。

このような有形固定資産に限らず、売掛金のような債権、借りている事務所の保証金など、その逆に仕入代金などの買掛金、未払金などの債務も引き継ぐことが可能です。

個人から会社が買い取ることができないものとは

ただ、引き継ぐことができないものもあります。たとえば、事務所の賃貸契約は、家主さんの同意無しには引き継げませんし、許認可や仕事上の免許は、それぞれの主務官庁、管轄する役所などに変更の届出あるいは新たな申請が必要となるのが普通で、それなりの手続きが必要です。

言い換えれば、個人事業で税務署に提出していた青色決算書の「貸借対照表」を引き継ぐことは可能（不良債権は引き継げないなど、若干の例外があります）と考えてください。

引き継げるもの	引き継げないもの
・事業で使用している資産として計上された備品など ・売掛金や買掛金など ・借入金や未払金など	・賃貸契約、許認可など ・帳簿上の不良債権など

Chapter 04

株式会社を とことん使いこなす

04-01 会社にすると経営者の税金はいくら変わる

会社を作ったときと個人事業主のときの所得税の差額を試算する

個人事業主として確定申告によって支払っていた税金と、会社を設立することによって支払うことになる税金の計算は、さまざまな条件によって大きく異なりますが、このうち割合や差が明らかで最も大きな違いが得られるのが「給与所得控除」による部分です。

個人事業主の場合には、利益にあたる所得から青色申告控除と社会保険や扶養などの所得控除を差引したものに税率を乗じて税金が計算されます。

会社を作った場合には、個人事業主のときの利益を給与として受け取ることになります。もし、会社の利益のすべてを自分の給料として受け取ったときには、この受け取り額に応じた「給与所得控除」が給与から控除されるため、他の条件がすべて同じであれば、これまでは個人事業主よりも、会社である方が税金は安く済みました。

しかし、平成25年分より設けられた「給与所得控除の上限」の規定によって、必ずしも圧倒的に得であるとは言えなくなってきました。ここでは、どのような差が生じるのかいくつかのパターンについて、シミュレーションを行ってみて、どのくらい税金が変わるのかを確認することにします。

なお、シミュレーションに使用する簡単なEXCELフォームは、10ページで解説する方法でダウンロードすることができるので、実際に自分の数値を入力して試算を行うことが可能です。

フォームの概要

使用するEXCELのフォームのファイル名は「法人化の税金シミュレーション 2014.xls」です。ファイルを開くと右ページ上の画面が表示されます。この表に必要な値を入力すれば、個人事業主での所得税と、会社を設立した場合の給与所得控除後の所得税との差額の試算を行うことができます。

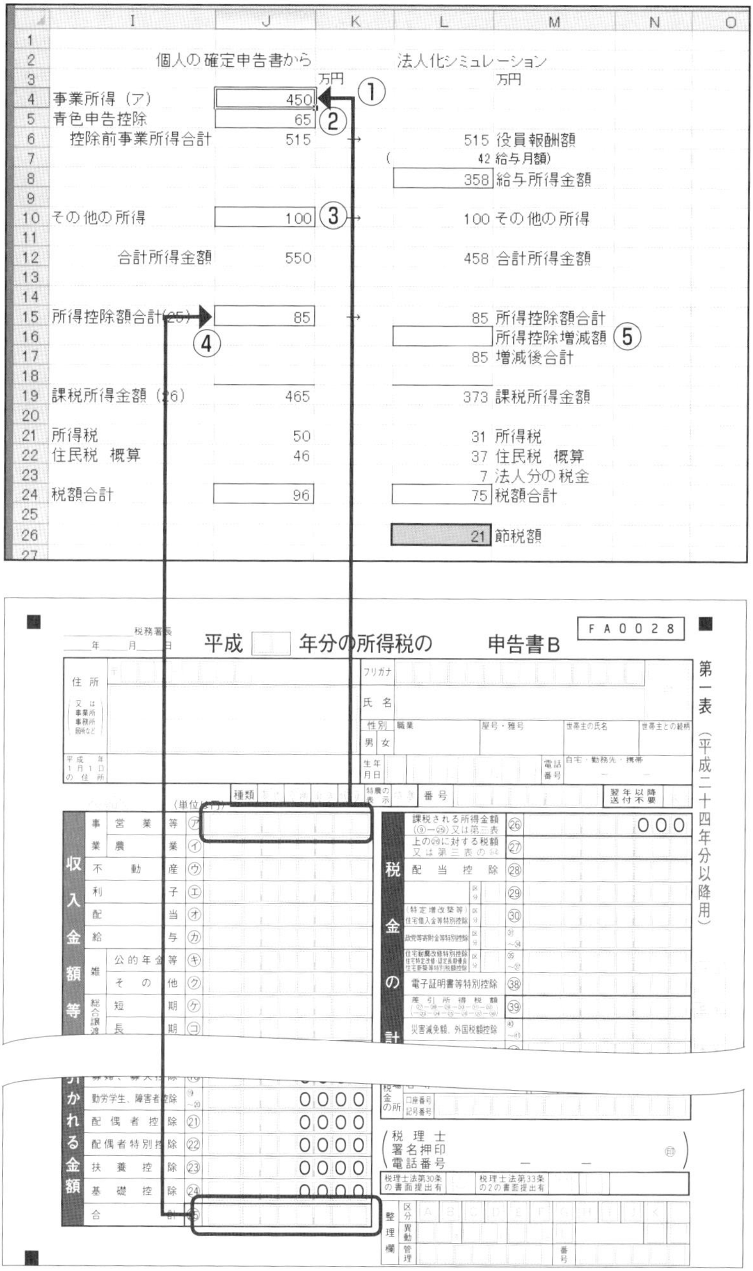

個人の確定申告書から
法人化シミュレーション
万円
万円
事業所得（ア） 450
青色申告控除 65
控除前事業所得合計 515
515 役員報酬額
（42 給与月額）
358 給与所得金額
その他の所得 100
100 その他の所得
合計所得金額 550
458 合計所得金額
所得控除額合計(25) 85
85 所得控除額合計
所得控除増減額
85 増減後合計
課税所得金額（26） 465
373 課税所得金額
所得税 50
31 所得税
住民税 概算 46
37 住民税 概算
7 法人分の税金
税額合計 96
75 税額合計
21 節税額
①
②
③
④
⑤
平成 年分の所得税の 申告書B
FA0028
第一表（平成二十四年分以降用）

入力する項目は次の項目で、入力可能なセルがアミ掛けされています。

① 青色申告控除後の事業所得の金額
個人の所得税の申告書の「営業等」㋐の値を万円単位で入力します。

② 青色申告控除の金額
青色申告をしている場合には青色申告控除の値を万円単位で入力します。①の値は「青色申告控除後」の値のため、会社での給与の支給額は「青色申告控除後の事業所得の金額＋青色申告控除の金額」となります。なお、「青色申告控除の金額」の最高額は65万円です。

③ その他の所得金額
不動産所得や雑所得など、収入金額ではなく儲けにあたる所得の金額を万円単位で入力します。

④ 所得控除額合計
個人の所得税の申告書の社会保険料控除や扶養控除などの合計額（「合計」㉕）を万円単位で入力します。

⑤ 所得控除増減額
会社にすることによって控除額に増減があれば、その値を万円単位で入力します。

上記の①から⑤までの項目を入力すると、それぞれの税額が計算されて個人事業主の場合と会社の場合の税額の差額が表示されます。

所得別に個人と会社の税額を比較する

ここからは、いくつかのパターンを実際にシミュレートしてみることにします。今回は次の3つのパターンのシミュレートをします。

1. 個人事業の所得が200万円
2. 個人事業の所得が600万円
3. 個人事業の所得が2000万円

比較をしやすくするために、青色申告控除65万円控除後の所得だけを変化させて、その他の所得は無し、所得控除は85万円で共通としています。

個人事業の所得が200万円のケース会社にした方が損に

まずは、個人事業の所得が200万円になるパターンです。

	I	J	K	L	M	N	O
1							
2	個人の確定申告書から			法人化シミュレーション			
3			万円		万円		
4	事業所得（ア）	200					
5	青色申告控除	65					
6	控除前事業所得合計	265	→	265	役員報酬額		
7			(	22	給与月額)		
8				167	給与所得金額		
9							
10	その他の所得		→	0	その他の所得		
11							
12	合計所得金額	200		167	合計所得金額		
13							
14							
15	所得控除額合計(25)	85	→	85	所得控除額合計		
16					所得控除増減額		
17				85	増減後合計		
18							
19	課税所得金額（26）	115		82	課税所得金額		
20							
21	所得税	5		4	所得税		
22	住民税　概算	11		8	住民税　概算		
23				7	法人分の税金		
24	税額合計	16		19	税額合計		
25							
26				-3	節税額		
27							

この青色申告控除65万円控除後の個人事業の所得が200万円のパターンでは、会社にすることでの節税額が「−3」、つまり、会社にすると3万円を「損」してしまうことになります。

このExcelフォームでは、前述のように個人事業での儲けにあたる所得を、会社では給料としてその全額取ったものとして税金の計算をしています。つまり、会社の利益はゼロになるので、利益にかかる法人税は、基本的に払わなくても良いことになります。ただし、このほかにも、会社に利益がでなくても最低これだけは負担を求められる法人の住民税である「均等割」は払わなければなりません。

上記の試算結果を見ると、給料の対象となる265万円（200万円＋65万円）の所得が、給与所得控除によって167万円まで下がることがわかります。

この給与所得控除分によって得をする税額と、均等割7万円の差引が表示されているわけです。

個人事業の所得が600万円のケース 節税の効果は出るが不十分？

次に、個人事業の所得が600万円になるパターンです。

	I	J	K	L	M	N	O
1							
2	個人の確定申告書から			法人化シミュレーション			
3			万円		万円		
4	事業所得（ア）	600					
5	青色申告控除	65					
6	控除前事業所得合計	665	→	665	役員報酬額		
7			（	55	給与月額）		
8				478	給与所得金額		
9							
10	その他の所得		→	0	その他の所得		
11							
12	合計所得金額	600		478	合計所得金額		
13							
14							
15	所得控除額合計(25)	85	→	85	所得控除額合計		
16					所得控除増減額		
17				85	増減後合計		
18							
19	課税所得金額（26）	515		393	課税所得金額		
20							
21	所得税	60		35	所得税		
22	住民税　概算	51		39	住民税　概算		
23				7	法人分の税金		
24	税額合計	111		81	税額合計		
25							
26				30	節税額		
27							

個人事業の所得が600万円前後のケースです。これくらいの所得になると、周囲から「会社にした方が良いのでは？」と言われやすいタイミングです。

上記の結果では、給与所得控除の部分だけで得をする税額は30万円となります。この額は、1年で会社の設立費用分ぐらいは取り戻せる金額です。

これは節税としては充分な額のように思えますが、これらの税金以外にも会社を作ることによって発生する社会保険などの加入の費用を考えると、より積極的な会社の活用を考えなければ、この節税分は軽く吹き飛んでしまうとも言えます。

個人事業の所得が2000万円のケース 節税額が頭打ちに

最後が、個人事業の所得が2000万円になるパターンです。

	I	J	K	L	M	N	O
1							
2	個人の確定申告書から			法人化シミュレーション			
3			万円		万円		
4	事業所得（ア）	2,000					
5	青色申告控除	65					
6	控除前事業所得合計	2,065	→	2,065	役員報酬額		
7				(172	給与月額)		
8				1,820	給与所得金額		
9							
10	その他の所得		→	0	その他の所得		
11							
12	合計所得金額	2,000		1,820	合計所得金額		
13							
14							
15	所得控除額合計(25)	85	→	85	所得控除額合計		
16					所得控除増減額		
17				85	増減後合計		
18							
19	課税所得金額（26）	1,915		1,735	課税所得金額		
20							
21	所得税	486		418	所得税		
22	住民税　概算	191		173	住民税　概算		
23				7	法人分の税金		
24	税額合計	677		598	税額合計		
25							
26				79	節税額		
27							

結果を見ると、青色申告控除65万円控除後の個人事業の所得が2000万円の場合には、その節税額は年79万円となることがわかります。それなりに節税額も増えてはいますが、600万円のときの30万円の節税と比較すれば、所得金額は3.3倍以上なのに、節税額は2.6倍と、節税額の伸びが「頭打ち」になっています。

これは144ページにも書いたように、給料の金額の上昇に従って給与所得控除の割合が小さくなり、年1500万円以上は給与所得控除額が245万円で固定されてしまっているために起こることです。

このシミュレーションでの頭打ちは、このサンプルのすぐ上の金額である2057万円(青色申告控除65万円加算後2122万円)以上では節税額が83万円で固定され、以降は3000万円でも5000万円でも、これ以上の得を「給与所得控除のみ」からは得られません。

単なる節税目的での会社設立の時代は終わった？

会社を作ることの得を考える上で、最も手早く確実なのがこの「給与所得控除」であることは今も変わっていませんが、これだけのために会社にする時代は終わっています。Chapter 3にあるさまざまなメリット、デメリットを自分の置かれている状況にあてはめて検討することが重要です。

Column

会社を作った後に個人事業主に戻れますか？

個人事業主に戻ることは可能ですが、それなりに手続き、申告や納税などが必要になります。ところで「こんなになってしまったら個人に戻れるのかな？」と思う不安はどのようなことでしょうか？

その不安を「自分が考え、備えておくべきこと」と「考えても自分では何もできないこと」とに区分して、後者は忘れ、前者の備えをして不安の種を減らすようにしましょう。

後者の典型的な例は、天変地異、国単位の経済動向などがその例ですが、例えば2014年4月からの消費税率の値上げなどは前者にあたります。税率のアップによってどのようなことが想定されるかを準備すべきです。

また、自身の健康に対する不安があるならば、生活習慣に注意して、健全な生活にシフトすることをお勧めします。これは個人でも会社でも一緒ですが、会社務めより自ら事業を行うことの方が「身体が資本」の度合が強く、健康を害すれば、廃業すらあり得からです。

04-02 会社にすると経営者の社会保険料はいくら変わる

会社の設立による社会保険と年金の差額を試算する

個人事業から会社を設立したときに、税金と並んで大きく変わるのが社会保険の支払額です。健康保険が国民健康保険から社会保険へ変わるだけでなく、年金も国民年金から厚生年金に変わります。

125ページでも触れたとおり、国民健康保険と国民年金に比べて、社会保険と厚生年金は保護が手厚いメリットがある反面、毎月の支払額は多くなります。ここでは、どのくらい社会保険に関する負担が増えるのか、会社を作った当初に考えられるいくつかのパターンについてシミュレーションを行ってみることにします。

なお、シミュレーションには簡単なExcelフォームを使用しますが、このフォームは10ページで解説する方法でダウンロードすることができるので、実際に自分の数値を入力して試算を行うことが可能です。

フォームの概要

使用するExcelのフォームのファイル名は「社会保険シミュレーション2014.xls」となります。ファイルを開くと152ページのような画面が表示され、あとは必要な数字を入力するだけで、試算を行うことが可能です。

入力する項目は次の項目で、いずれも青色のセルとなります。

① 個人事業者（経営者）の基本情報
生年月日（本人）・扶養配偶者の有無・その他の扶養人数を入力します。

② 個人事業主の所得金額
前年の確定申告書（別表一「26」）の「課税される所得金額」を入力します。

③　国民健康保険と国民年金の年間支払額

前年の確定申告書（別表二「12」）の「社会保険料控除」の「国民健康保険」と「国民年金」を入力します。

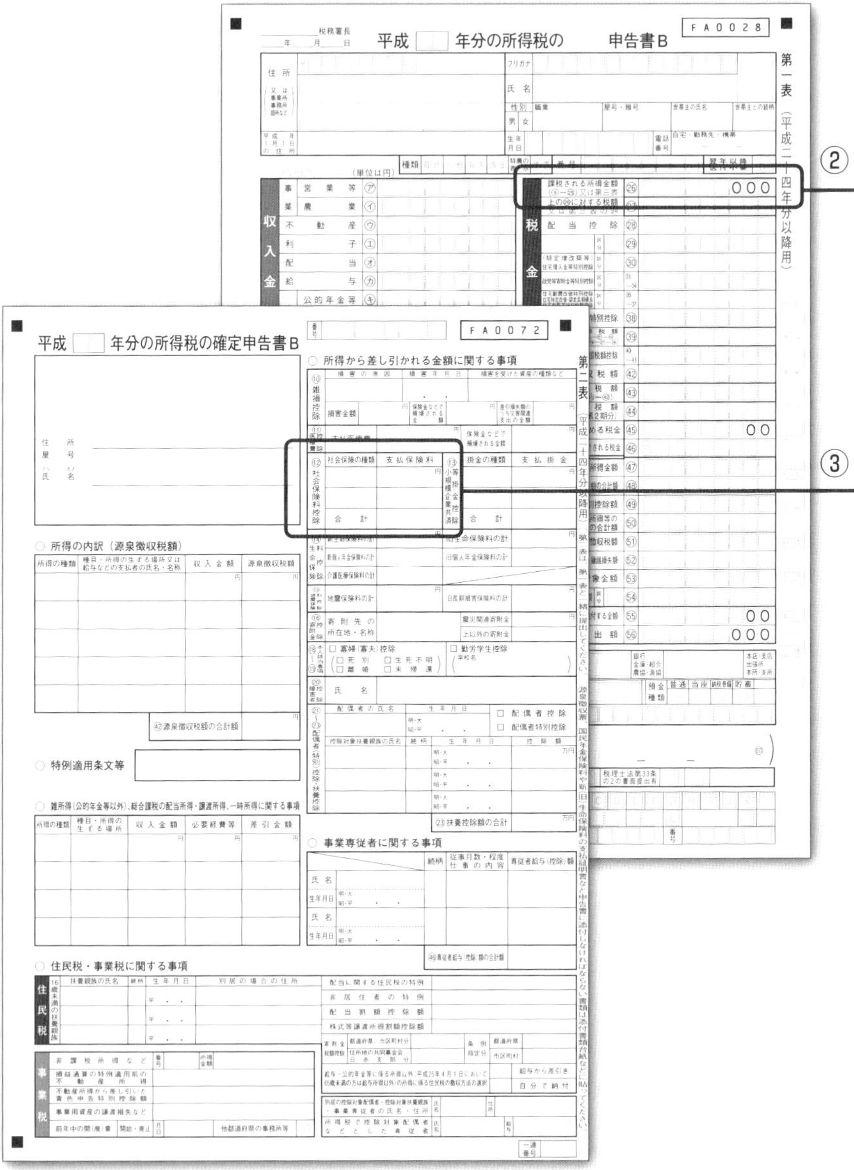

④ 会社設立後の所得金額（給料）

② の総所得金額を 12 分割した金額が自動的に入力されますが、会社を設立した後の給料の月額を手入力も可能です。

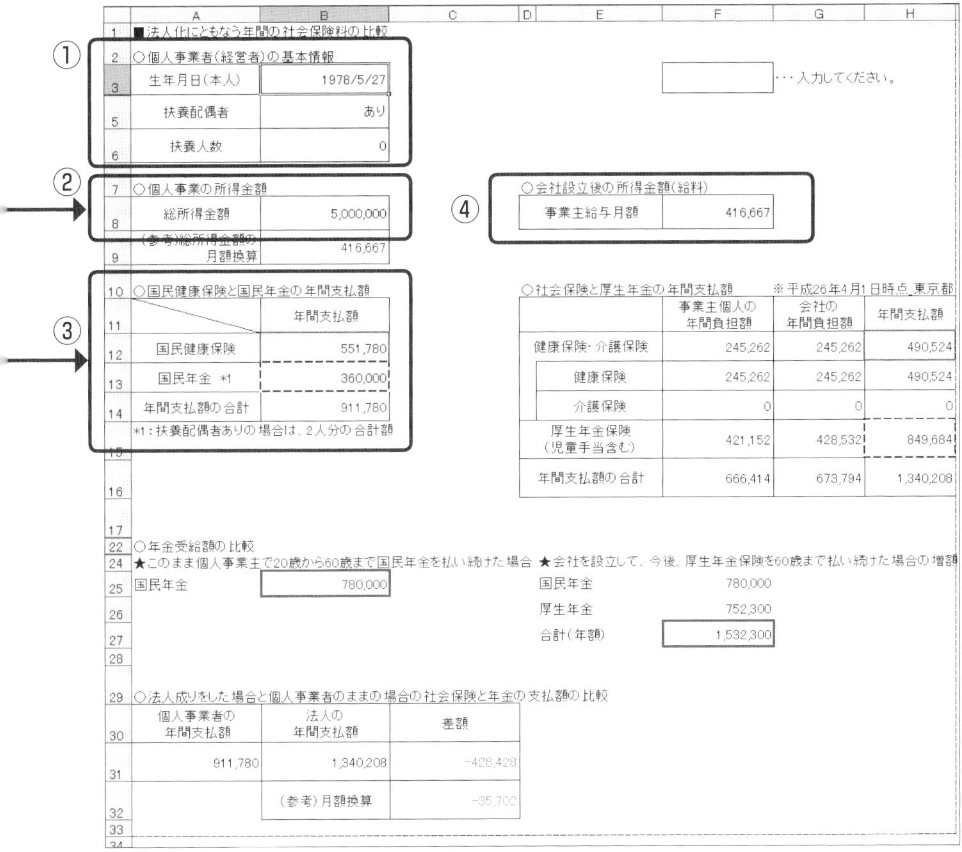

■法人化にともなう年間の社会保険料の比較

① ○個人事業者（経営者）の基本情報

生年月日（本人）	1978/5/27
扶養配偶者	あり
扶養人数	0

□ ･･･入力してください。

② ○個人事業の所得金額

総所得金額	5,000,000
（参考）総所得金額の月額換算	416,667

④ ○会社設立後の所得金額（給料）

事業主給与月額	416,667

③ ○国民健康保険と国民年金の年間支払額

	年間支払額
国民健康保険	551,780
国民年金 *1	360,000
年間支払額の合計	911,780

*1：扶養配偶者ありの場合は、2人分の合計額

○社会保険と厚生年金の年間支払額　※平成26年4月1日時点_東京都

	事業主個人の年間負担額	会社の年間負担額	年間支払額
健康保険･介護保険	245,262	245,262	490,524
健康保険	245,262	245,262	490,524
介護保険	0	0	0
厚生年金保険（児童手当含む）	421,152	428,532	849,684
年間支払額の合計	666,414	673,794	1,340,208

○年金受給額の比較

★このまま個人事業主で20歳から60歳まで国民年金を払い続けた場合

国民年金	780,000

★会社を設立して、今後、厚生年金保険を60歳まで払い続けた場合の増額

国民年金	780,000
厚生年金	752,300
合計（年額）	1,532,300

○法人成りをした場合と個人事業者のままの場合の社会保険と年金の支払額の比較

個人事業者の年間支払額	法人の年間支払額	差額
911,780	1,340,208	−428,428
	（参考）月額換算	−35,702

Excelフォームの見方

入力が終わると、自動的に金額が計算されます。ここでは、以下の基本情報を入力したものとして解説を行います。

① 個人事業者（経営者）の基本情報
・年齢　35歳（1978年5月27日生）
・扶養配偶者　有
・その他の扶養人数　なし

② 個人事業主の所得金額
・前年の所得金額　500万円

③ 国民健康保険と国民年金の年間支払額
・国民健康保険　551,780円
・国民年金　360,000円（配偶者分含む）

④ 会社設立後の所得金額（給料）
・給与月額　416,667円

上記でのデータを入力した結果が右ページの図となります。

経営者の国民健康保険と社会保険の健康保険の比較

まずは、健康保険（介護保険を含む）の保険料を比べてみましょう。国民健康保険の保険料は年間557,780円に対し、社会保険の健康保険料の年間支払額は490,524円と国民健康保険の方が高くなります。

国民健康保険は前年の所得・扶養家族の人数などにより算出されるため、扶養家族の多い方が保険料は高くなるのに対して、社会保険の健康保険料は給与月額により算出されるため、扶養家族の人数問わず保険料が算出されることが一因として挙げられます。

	A	B	C	D	E	F	G	H
1	■法人化にともなう年間の社会保険料の比較							
2	○個人事業者（経営者）の基本情報							
3	生年月日（本人）	1978/5/27					･･･入力してください。	
5	扶養配偶者	あり						
6	扶養人数	0						
7	○個人事業の所得金額			○会社設立後の所得金額（給料）				
8	総所得金額	5,000,000			事業主給与月額	416,667		
9	（参考）総所得金額の月額換算	416,667						
10	○国民健康保険と国民年金の年間支払額			○社会保険と厚生年金の年間支払額			※平成26年4月1日時点_東京都	
11		年間支払額				事業主個人の年間負担額	会社の年間負担額	年間支払額
12	国民健康保険	551,780			健康保険･介護保険	245,262	245,262	490,524
13	国民年金　*1	360,000			健康保険	245,262	245,262	490,524
14	年間支払額の合計	911,780			介護保険	0	0	0
15	*1：扶養配偶者ありの場合は、2人分の合計額				厚生年金保険（児童手当含む）	421,152	428,532	849,684
16					年間支払額の合計	666,414	673,794	1,340,208
17								
22	○年金受給額の比較							
24	★このまま個人事業主で20歳から60歳まで国民年金を払い続けた場合			★会社を設立して、今後、厚生年金保険を60歳まで払い続けた場合の増額				
25	国民年金	780,000			国民年金	780,000		
26					厚生年金	752,300		
27					合計（年額）	1,532,300		
28								
29	○法人成りをした場合と個人事業者のままの場合の社会保険と年金の支払額の比較							
30	個人事業者の年間支払額	法人の年間支払額	差額					
31	911,780	1,340,208	-428,428					
32		（参考）月額換算	-35,702					
33								

経営者の国民年金と厚生年金の比較

次に年金ですが、国民年金の年間支払額の360,000円に対し、厚生年金保険の年間支払額は832,267円と、かなり高額となります。金額だけ比べてしまうと国民年金の方が得な印象を受けますが、将来に受け取るであろう年金の額も考慮しなければなりません。あくまで現在の財政での試算となりますが、年金受給額は、国民年金だと年間780,000円、35歳で会社を設立し、社会保険に加入した場合、今後60歳までの25年間、同給与額の保険料を払い続けた場合の増額分として752,300円程になります。これを一生受け取ることができます。

なお、支払額の半額は個人の所得控除、残りの半額は会社の経費となるため一概に保険料が高いだけでなく、節税効果もあると考えられます。

■国民年金のままの場合の保険料と受給額の比較

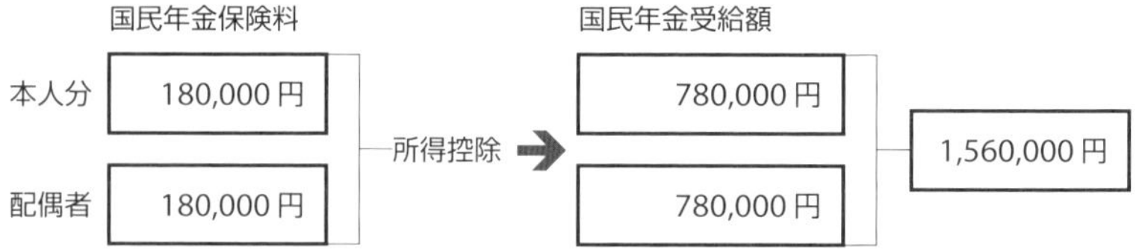

■社会保険に加入した場合の保険料と受給額の比較

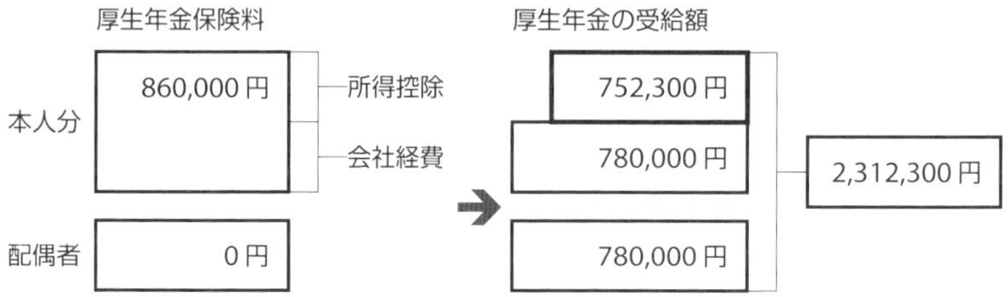

このパターンの場合、法人成りをした場合と個人事業者のままの場合の社会保険と年金の支払額の差は、法人成りをした場合の方が年間411,011円の社会保険料の負担増となり、年金の受給額は年間752,300円の増額となることが想定されます。

ただし、前に述べたように所得控除や会社経費になるだけでなく、将来の年金受給額や健康保険でしか保障されない給付などを考えるとこの負担増額が高いか安いかは、みなさんの判断となるところでしょう。

経営者が独身者の場合の負担増

まず、最もシンプルな形として経営者が独身であるケースを見てみます。入力する内容は下記のようになります。

① 個人事業者(経営者)の基本情報
- 年齢　33歳
- 扶養配偶者　なし
- その他の扶養人数　なし

② 個人事業主の所得金額
- 前年の所得金額　650万円

③ 国民健康保険と国民年金の年間支払額

・国民健康保険　620,000 円

・国民年金　360,000 円

④ 会社設立後の所得金額（給料）

・給与月額　541,667 円

■法人化に伴う年間の社会保険料の比較

入力情報

○基本情報

本人年齢	33
扶養配偶者	なし
扶養人数	0

○所得金額

総所得金額	6,500,000
会社設立後の給与月額	541,667

○国民健康保険と国民年金の年間支払額

国民健康保険	620,000
国民年金　*1	360,000

*1: 扶養配偶者ありの場合は、2人分の合計額

個人事業主

○個人事業主の保険料合計

	年間支払額
国民健康保険	620,000
国民年金	360,000
年間支払額の合計	980,000

法人

○社会保険と厚生年金の年間支払額　※平成26年4月1日時点_東京都

	事業主個人の年間負担額	会社の年間負担額	年間支払額
健康保険・介護保険	317,046	317,046	634,092
健康保険	317,046	317,046	634,092
介護保険	0	0	0
厚生年金保険（児童手当含む）	533,159	542,699	1,075,858
年間支払額の合計	850,205	859,745	1,709,950

○年金受給額の比較

★個人事業主で20歳から60歳まで国民年金を払い続けた場合

	年間受給額
国民年金（本人分）	780,000
国民年金（配偶者分）	0
世帯受給合計	780,000

★会社を設立して、今後、厚生年金保険を60歳まで払い続けた場合の増額

	年間受給額
国民年金（本人分）	780,000
国民年金（配偶者分）	0
厚生年金	1,050,300
世帯受給合計	1,830,300

○法人成りをした場合と個人事業者のままの場合の社会保険と年金の支払額の比較

	個人事業主	法人	差額	（参考）月額換算
社会保険料	980,000	1,709,950	729,950	60,829
年金受給額	780,000	1,830,300	1,050,300	87,525

※社会保険料は、法人にすることによって、一か月　60,829円　社会保険料の負担が増える。

※年金受給額は、法人にすることによって、一か月　87,525円　年金受給額が増える。

試算では、法人成りすると社会保険料が年間で729,950円増えるものの、年金受給額が1,050,300円増えることがわかります。

扶養3名（配偶者・子2名）の場合の試算例

今度は経営者に、配偶者と子どもが2人いる4人家族のケースを見てみます。入力するデータは次のようなものです。

① 個人事業者（経営者）の基本情報
- 年齢　42歳
- 扶養配偶者　あり
- その他の扶養人数　2人

② 個人事業主の所得金額
- 前年の所得金額　800万円

③ 国民健康保険と国民年金の年間支払額
- 国民健康保険　790,000円
- 国民年金　360,000円

④ 会社設立後の所得金額（給料）
- 給与月額　666,667円

試算では、法人成りすると社会保険料が1,048,582円増えることになり、年金が819,100円増えることになります。

■法人化に伴う年間の社会保険料の比較

入力情報

○基本情報

本人年齢	42
扶養配偶者	あり
扶養人数	2

○所得金額

総所得金額	8,000,000
会社設立後の給与月額	666,667

○国民健康保険と国民年金の年間支払額

国民健康保険	790,000
国民年金　*1	360,000

*1: 扶養配偶者ありの場合は、2人分の合計額

個人事業主

○個人事業主の保険料合計

	年間支払額
国民健康保険	790,000
国民年金	360,000
年間支払額の合計	1,150,000

○年金受給額の比較

★個人事業主で20歳から60歳まで国民年金を払い続けた場合

	年間受給額
国民年金(本人分)	780,000
国民年金(配偶者分)	780,000
世帯受給合計	1,560,000

法人

○社会保険と厚生年金の年間支払額　※平成26年4月1日時点 東京都

	事業主個人の年間負担額	会社の年間負担額	年間支払額
健康保険・介護保険	476,952	476,952	953,904
健康保険	406,776	406,776	813,552
介護保険	70,176	70,176	140,352
厚生年金保険(児童手当含む)	623,695	634,855	1,258,550
年間支払額の合計	1,100,647	1,111,807	2,212,454

★会社を設立して、今後、厚生年金保険を60歳まで払い続けた場合の増額

	年間受給額
国民年金(本人分)	780,000
国民年金(配偶者分)	780,000
厚生年金	819,100
世帯受給合計	2,379,100

○法人成りをした場合と個人事業者のままの場合の社会保険と年金の支払額の比較

	個人事業主	法人	差額	(参考)月額換算
社会保険料	1,150,000	2,212,454	1,062,454	88,538
年金受給額	1,560,000	2,379,100	819,100	68,258

※社会保険料は、法人にすることによって、一か月　**88,538円**　社会保険料の負担が増える。

※年金受給額は、法人にすることによって、一か月　**68,258円**　年金受給額が増える。

04-03 従業員を雇うと社会保険料の負担はいくら増える

従業員を雇ったときに社会保険はいくらかかるのか

従業員を雇い給料を支払う場合、給料以外に負担が増えるのが社会保険料です。例えば、月額20万円で一人の従業員を雇った場合、会社としていくら負担額が増えるのかを事前に把握しておく必要があります。

ここでは、従業員を雇用したときにどのくらい社会保険の支払いが増えるかを考えてみます。この比較を行うことができるのが、「社会保険シミュレーション2014.xls」の「従業員負担」タブをクリックして表示されるフォームとなります(下図参照)。

・・・入力してください。

■従業員の給料月額

給料月額(交通費込)	200,000

■従業員を雇い入れた場合の社会保険料等の負担額　※平成26年4月1日時点_東京都

	年間支払額	従業員負担分	会社負担増(年間)
健康保険	239,280	119,640	119,640
厚生年金保険(児童手当拠出金含む)	414,490	205,445	209,045
雇用保険	32,400	12,000	20,400
労災保険(一般拠出金含む)	7,320	0	7,320
年間支払額の合計	693,490	337,085	356,405

1か月の会社負担増
29,700

このフォームには、雇用する従業員に支払う月額給与の概算を入力するだけで、会社と従業員が負担すべき社会保険料を確認できます。

ここでは左ページの図のように月額20万円の給料を支払う場合には、ひと月あたり約3万円の社会保険料の増額となります。これを月額40万円にすると約6万円と倍になります(下図参照)。

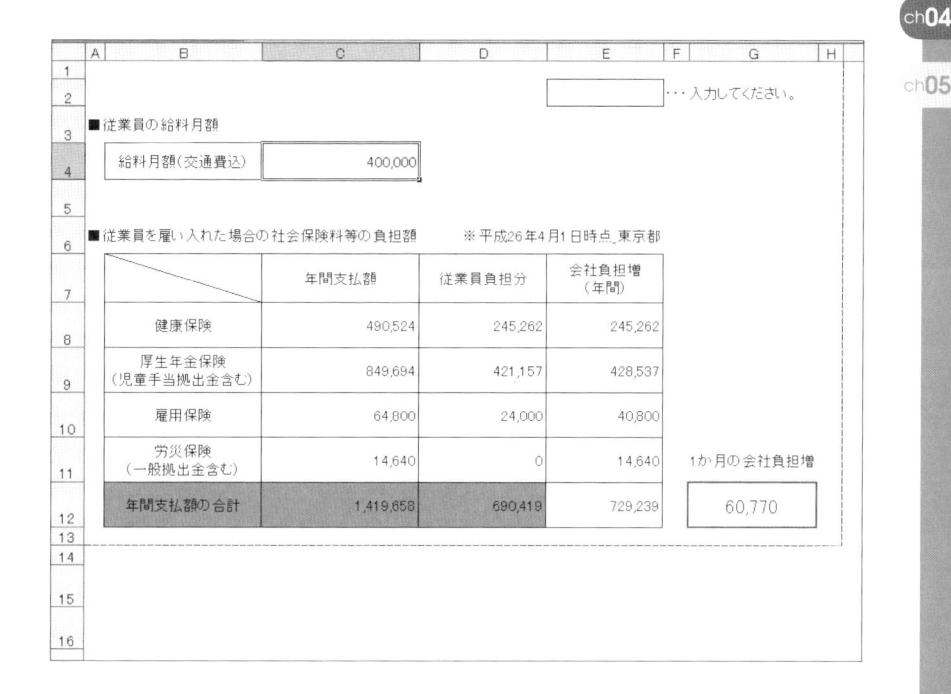

□・・・入力してください。

■従業員の給料月額

給料月額(交通費込)	400,000

■従業員を雇い入れた場合の社会保険料等の負担額　※平成26年4月1日時点_東京都

	年間支払額	従業員負担分	会社負担増（年間）
健康保険	490,524	245,262	245,262
厚生年金保険（児童手当拠出金含む）	849,694	421,157	428,537
雇用保険	64,800	24,000	40,800
労災保険（一般拠出金含む）	14,640	0	14,640
年間支払額の合計	1,419,658	690,419	729,239

1か月の会社負担増	60,770

従業員を雇用するときには、給料の額も重要ですが、これらの一見めだたない、会社として負担増となる社会保険料を把握して無理のない給料設定を行う必要があります。

04-04 「会社を使いこなす」ための2つのシミュレーション

会社のメリット比較よりも大事なのは「会社を使いこなす」こと

Chapter 3で述べたように、「会社を作る」ことには、さまざまな場面ごとにメリット/デメリットの両方の可能性が必ず存在します。これらの個別の事柄の損得のみに目を奪われていると、本筋を見誤ってしまい、得な道を選んだつもりで大きな損を被ることさえあります。本当に重要なのは会社のメリット/デメリットを比較するのではなく、「会社をうまく使いこなす」ことにあるのではないかと筆者は考えています。

ここでは、これらの個別の損得に捉われずに大局的な見方を体感してもらうために2つのシミュレーションを行うことにしました。

- 30年の会社／個人の比較シミュレーション
- 成長ステージ別の会社の使いこなし方

長い間事業を続けていくうちには、会社を活用した方が良い場面に遭遇することになります。取り上げる項目も今の段階では、あまり現実的に感じないかもしれませんが、ちょっとだけ頭に入れておくと役に立つ日が来るかもしれません。

ここでは、「事業の発展とライフステージ」を大きく3段階に分け、それぞれのステージでの会社について見ていくことにします。

項目/期	黎明期　30代	隆盛期　40代	円熟期　50代
事業目的	小資金でスタート、事業を軌道に乗せる	事業の拡大継続、成長のための再投資	後進育成、リタイアのための換金
経営者のライフステージ	独身から結婚	子育て世代	ゴール間近？
「会社」の役割	信用と節税「ツール」	事業拡大、蓄財「じぶん」	財産・事業承継「ポケット」

なお、この3つの期間の経営者の年齢については、説明のしやすさから30歳からの30年で設定をしましたが、もちろん「30代以上の方が対象外」と言う意味ではありません。40代、50代の方はライフステージとしてすでに通過した道は、プライベートのイベントなどは経験済みの分、仕事に集中できるアドバンテージがあるという見方もできます。

30年の会社／個人の比較シミュレーション

「30年の会社／個人の比較シミュレーション」では、「事業の発展とライフステージ」ごとに、さまざまな設定に基づいて30年間のバランスシートの試算を行います。

このシミュレーションでは、左ページの3つの期間の区分を骨組みにして、前提を置いて次の2つのモデルパターンで組みました。

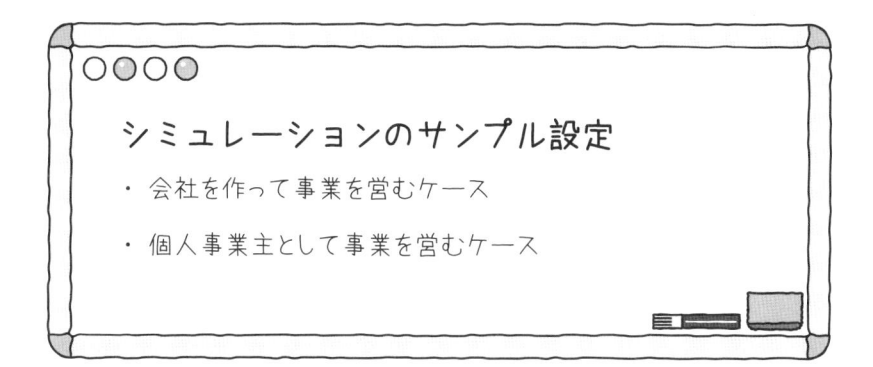

シミュレーションのサンプル設定

- 会社を作って事業を営むケース
- 個人事業主として事業を営むケース

この2つのモデルパターンの所得、税金、純資産の増減などを30年間シミュレーションしています。左ページの表の3つの期間の区分でのアウトラインにさまざまな前提、設定を加えて、リアルに近い数値を載せてみることで、何をどう扱うことが後々の事業に、税金に、財産に、どのような影響があるのかを疑似体験してもらえるように工夫しました。

なお、2つのモデルは、「会社を作る」のが得、「個人事業主のまま」は損、という決まりきった結論を出すために設定したものではありません。

あえて極端な形にしているのは、「節税」と「将来への備え」を行う場合と行わない場合での差を明らかに浮かび上がらせるためで、これらの中から読者のみなさんが、自分に合った形、目指す姿を選ぶときの参考としていただくことが目的です。

成長ステージ別の会社の使いこなし方

「成長ステージ別の会社の使いこなし方」では、「事業の発展とライフステージ」ごとに、「会社を作る」ことでその時々に起こること、できることのアウトラインを示します。

同時に後半の「30年の会社／個人の比較シミュレーション」での同時期のシミュレーション結果であるバランスシートを5年ごとに示しながら体感できるようにします。会社を作った場合と個人事業主の場合を比較していくので、数字を見るだけではわからない部分についてもイメージしてもらえるのではないかと思います。

また、それぞれの時期に、実際にあった「小さな失敗談」なども紹介するので、より現実的に考えてもらえるようにしています。

04-05 30年の会社／個人の比較～基本編

シミュレーションの前提

前セクションでも触れたように、ここでは「会社を作った」パターンと「個人事業主のまま」のパターンの２種類のシミュレーションを30年にわたって行います。まず、その前提となる条件を最初にまとめておきましょう。

シミュレーションのサンプル設定

- **会社を作って事業を営むケース**
  節税についても積極的行い、将来に備える支出も、積極的に行うパターン
- **個人事業主として事業を営むケース**
  節税などをまったく行わず、将来に備える支出も、ほとんどしないパターン

上記の通り、今回のシミュレーションでは、会社と個人事業主とで単純にどちらが得かを比較するのではなく、会社では積極的に節税や投資を行い、個人事業主では節税や投資について保守的なスタンスをとると仮定しています。もちろん、個人事業主で積極的に節税や投資を行うスタンスの人も、会社を作っても節税や投資に保守的なスタンスを好む人もいるはずです。

本書では、「どうせ会社を作るのであれば徹底的に会社という枠組みを使い倒して欲しい」との思いもあり、節税や投資に積極的なスタンスでシミュレーションを行い、個人事業主についてはその対極にあるという意味で節税や投資に保守的なスタンスを取ると仮定しました。

なお、上記の節税や投資に関する部分以外の、事業の売上高や経費、経営者の家族構成などは基本的に会社と個人事業主で同じデータを使用します。

経営者自身と家族の設定

経営者と家族に関する設定は下記のようになります。

○経営者の家族構成

1. 経営者は 30 歳で独立開業
2. 開業 3 年後に結婚。妻は結婚時 27 歳
3. 開業 6 年目に長女誕生
4. 開業 8 年目に長男誕生

上記の設定に応じた事業の年度と家族年齢との関係、家族のイベントをまとめると右ページのようになります。

● 30年間の年齢と出来事

黎明期（1年目～10年目）

年	1	2	3	4	5	6	7	8	9	10
本人年齢	30	31	32	33	34	35	36	37	38	39
妻　年齢				27	28	29	30	31	32	33
長女年齢						0	1	2	3	4
長男年齢								0	1	2

独立開業

4年目：結婚

8年目：長男誕生

6年目：長女誕生

隆盛期（11年目～20年目）

年	11	12	13	14	15	16	17	18	19	20
本人年齢	40	41	42	43	44	45	46	47	48	49
妻　年齢	34	35	36	37	38	39	40	41	42	43
長女年齢	5	6	7	8	9	10	11	12	13	14
長男年齢	3	4	5	6	7	8	9	10	11	12

13年目：長女小1

19年目：長女中1

15年目：長男小1

円熟期（21年目～30年目）

年	21	22	23	24	25	26	27	28	29	30
本人年齢	50	51	52	53	54	55	56	57	58	59
妻　年齢	44	45	46	47	48	49	50	51	52	53
長女年齢	15	16	17	18	19	20	21	22	23	24
長男年齢	13	14	15	16	17	18	19	20	21	22

22年目：長女高1

25年目：長女大1

29年目：長女社会人

21年目：長男中1

24年目：長男高1

27年目：長男大1

生活費の設定

経営者と家族の生活費については、下記のような設定となっています。

○生活費の設定

1. 家族の増加・子供の成長により、引っ越しを行う(6年目と11年目)。
2. 会社を作るケースのみ14年目に自宅を購入するため家賃がなくなる(かわりに借入金の返済が発生する。184ページ参照)
3. 食費は、家族の増加、子の成長に加えて、事業の盛衰でも増減する(業績が悪くなると削減を行う)
4. その他の支出も、食費と同様の条件の他、子どもの大学学費での増加を想定した
5. 事業の盛衰で家賃や支出は変化させるが、家賃は収入の減少が始まっても削減を行わない

○生活費の初期値と変化

- 家賃:開業時90万円/年、6年目から144万円/年、11年目から180万円。なお会社設立の例では14年目に自宅購入のため家賃なし
- 食費:開業時48万円/年、家族の増加と成長に伴い増減あり
- その他:開業時24万円/年、家族の増加と成長に伴い増減あり。学費(24年目と26年目)もここで計上する

上記の設定に従った30年の予測表は次のようになります。

●衣食住などの生活費

黎明期（1年目～10年目）

年	1	2	3	4	5	6	7	8	9	10
家賃(a)	90	90	90	90	90	144	144	144	144	144
食費(b)	48	51	54	81	85	89	93	96	123	127
その他(c)	24	25	26	39	40	54	56	70	72	74
生活費計 (d)=(a)+(b)+(c)	162	166	170	210	215	287	293	310	339	345

長女誕生で引っ越し、2DK

3歳、食費増加

隆盛期（11年目～20年目）

長男誕生で引っ越し、2DK

手狭になり3LDKへ引っ越し

年	11	12	13	14	15	16	17	18	19	20
家賃(a)	180	180	180	180	180	180	180	180	180	180
食費(b)	154	157	160	162	164	166	166	166	166	163
その他(c)	75	76	77	77	77	77	77	77	77	76
生活費計 (d)=(a)+(b)+(c)	409	413	417	419	421	423	423	423	423	419
※「会社を作る」場合の生活費計				239	241	243	243	243	243	239

円熟期（21年目～30年目）

年	21	22	23	24	25	26	27	28	29	30
家賃(a)	180	180	180	180	180	180	180	180	180	180
食費(b)	160	158	154	150	146	140	134	128	121	114
その他(c)	75	74	72	130	126	181	174	167	98	93
生活費計 (d)=(a)+(b)+(c)	415	412	406	460	452	501	488	475	399	387
	235	232	226	280	272	321	308	295	219	207

「会社を作る」場合の生活費計

長女、学費開始

長男、学費開始

事業に関する設定

事業に関する設定値も、売上や経費も基本的には同じ数字を利用するものとします。なお、人件費は会社と個人事業主では制度的に異なる部分があるので、異なる計算となります。

○事業の収入、費用と損益

1. 30 歳で独立開業から前年比での増減率を「業績推移」として、30 年分を設定している
2. 「業績推移」は、当初の成長率は高く、金額が大きくなるに従って鈍化、安定後に前年比減少に転じる設定
3. 事務所の家賃は、住まいよりは細かく増減し、引っ越しだけでなく倉庫などもあるものとして収益の増減に連動させた
4. 原価およびその他の経費は、売上高の一定割合としたので「業績推移」にほぼ連動して増減する
5. 売上高から会社と個人事業主で扱いが異なる人件費を除く経費を差し引いたものを「人件費を除く損益」として算出し、その後会社と個人事業主の人件費に関する処理を行い、それぞれの損益を算出する
6. 人件費は、法人と個人事業主で共通化できず、金額と支給期に若干の差が生じる。なお、30 年間の個人事業主の人件費の合計は 4545 万円、会社を作った場合には 4560 万円と金額的には 30 年間で計 15 万円の差のみ。
7. 最終的な損益は個人事業主の場合には、「人件費を除く損益」から会社と個人事業主の人件費の処理を行って、個人事業主の場合には「事業損益」、会社の場合には「会社損益」として損益を算出する。
   176 ページで解説する税金と社会保険の計算では、会社は「会社損益」の全額を本人の給料と社会保険料とする。個人事業主は「事業損益」を税金の対象とする。

○事業の収入、費用と損益の初期値とアウトライン

売上高：開業時360万円／年、
2年目以降は業績推移の値により変動する

原価：54万円／年、売上高に応じて変動

事務所家賃：120万円／年

その他：72万円／年、売上高に応じて変動

上記の設定に従った30年の予測表は次ページからのようになります。イベントが発生している部分についてはコメントを入れているので、どのように数字が変わるのかをざっと見てください。

下のグラフは、売上高と法人の損益と、個人事業主のときの事業損益のグラフです。売上と経費関係の値は共通なので、どちらの損益もほぼ同じとなっていることがわかります。

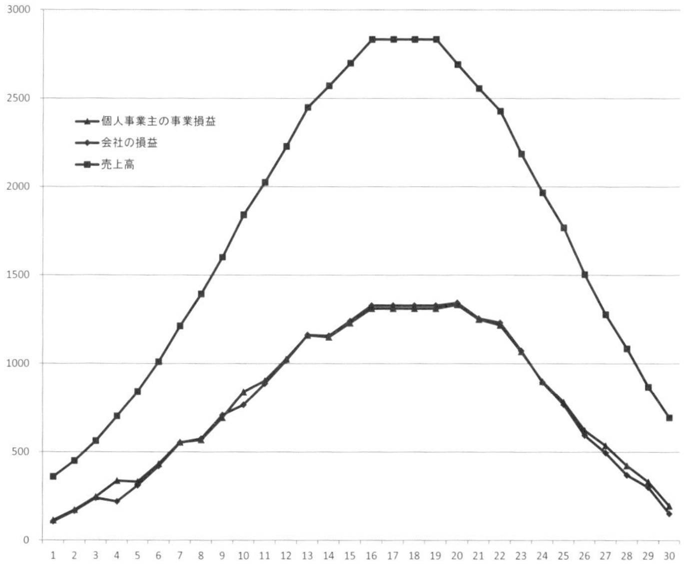

共通データ【事業の収入、費用と損益】

黎明期（1年目～10年目）

（業績推移以外の単位:万円）

年	1	2	3	4	5	6	7	8	9	10
業績推移		25%	25%	25%	20%	20%	20%	15%	15%	15%
売上高(a)	360	450	562	702	842	1,010	1,212	1,393	1,601	1,841
原価(b)	54	67	84	105	126	151	181	208	240	276
家賃(c)	120	120	120	120	120	120	120	216	216	216
その他(d)	72	90	112	140	168	202	242	278	320	368
人件費を除く損益 (e) =(a)－(b)－(c)－(d)	114	173	246	337	428	537	669	691	825	981

●個人事業主の人件費と事業損益

年	1	2	3	4	5	6	7	8	9	10
人件費を除く損益(e)	114	173	246	337	428	537	669	691	825	981
人件費(f)					96	105	115	123	132	141
事業損益 (g)=(e)－(f)	114	173	246	337	332	432	554	568	693	840

●会社を作った場合の会社損益

年	1	2	3	4	5	6	7	8	9	10
人件費を除く損益(e)	114	173	246	337	428	537	669	691	825	981
生命保険 (h)	6	6	6	9	9	9	9	9	9	12
家族給与 (i)				108	108	108	108	108	108	203
会社損益 (j)=(e)－(h)－(i)	108	167	240	220	311	420	552	574	708	766

妻給与96万円
妻社保12万円

妻給与180万円
妻社保 23万円

隆盛期（11年目～20年目）

（業績推移以外の単位：万円）

年	11	12	13	14	15	16	17	18	19	20
業績推移	10%	10%	10%	5%	5%	5%	0%	0%	0%	−5%
売上高(a)	2,025	2,227	2,449	2,571	2,699	2,833	2,833	2,833	2,833	2,691
原価(b)	303	334	367	385	404	424	424	424	424	403
家賃(c)	216	216	216	300	300	300	300	300	300	192
その他(d)	405	445	489	514	539	566	566	566	566	538
人件費を除く損益 (e)=(a)−(b)−(c)−(d)	1,101	1,232	1,377	1,372	1,456	1,543	1,543	1,543	1,543	1,558

売上のピーク

業績に応じて家賃を削減

●個人事業主の人件費と事業損益

年	11	12	13	14	15	16	17	18	19	20
人件費を除く損益(e)	1,101	1,232	1,377	1,372	1,456	1,543	1,543	1,543	1,543	1,558
人件費(f)	198	207	217	222	227	232	232	232	232	226
事業損益 (g)=(f)−(e)	903	1,025	1,160	1,150	1,229	1,311	1,311	1,311	1,311	1,332

●会社を作った場合の会社損益

年	11	12	13	14	15	16	17	18	19	20
人件費を除く損益(e)	1,101	1,232	1,377	1,372	1,456	1,543	1,543	1,543	1,543	1,558
生命保険 (h)	12	12	12	12	12	12	12	12	12	12
家族給与 (i)	203	203	203	203	203	203	203	203	203	203
会社損益 (e)=(h)−(i)−(j)	886	1,017	1,162	1,157	1,241	1,328	1,328	1,328	1,328	1,343

円熟期（21 年目 ～ 30 年目）

（業績推移以外の単位:万円）

年	21	22	23	24	25	26	27	28	29	30
業績推移	−5%	−5%	−10%	−10%	−10%	−15%	−15%	−15%	−20%	−20%
売上高(a)	2,556	2,428	2,185	1,966	1,769	1,503	1,277	1,085	868	694
原価(b)	383	364	327	294	265	225	191	162	130	104
家賃(c)	192	192	192	192	192	192	144	144	144	144
その他(d)	511	485	437	393	353	300	255	217	173	138
人件費を除く損益 (e)=(a)−(b)−(c)−(d)	1,470	1,387	1,229	1,087	959	786	687	562	421	308

業績に応じて家賃を削減

●個人事業主の人件費と事業損益

年	21	22	23	24	25	26	27	28	29	30
人件費を除く損益(e)	1,470	1,387	1,229	1,087	959	786	687	562	421	308
人件費(f)	220	170	161	188	178	164	151	139	125	112
事業損益(g)=(e)−(f)	1,250	1,217	1,068	899	781	622	536	423	332	196

●会社を作った場合の会社損益

年	21	22	23	24	25	26	27	28	29	30
人件費を除く損益(e)	1,470	1,387	1,229	1,087	959	786	687	562	421	308
生命保険(h)	12	12	12	12	12	12	12	12	12	12
家族給与(i)	203	144	144	180	180	180	180	180	144	144
会社損益(j)=(e)−(h)−(i)	1,255	1,231	1,073	895	767	594	495	370	301	152

妻給与96万円
妻社保12万円

妻給与96万円
妻社保12万円

給与96万円
妻社保12万円

04-06 30年の会社／個人の比較～税金・社会保険編

税金と社会保険のシミュレーションの基本設定

前セクションの試算で求められた所得を元に税金と社会保険料の試算を行います。ここからは会社と個人事業主の計算方法が大きく異なってきます。まずは、試算に当たっての両方に共通する条件をまとめると次のようになります。

○税金と社会保険の基本設定

1. 税率や社会保険料率などは現行法を基礎として30年、そのまま適用
2. 子どもは現行法に関わらず扶養控除に加え、その分、受け取る手当などを考慮しない形にする
3. 所得税と住民税の所得控除については、計算の簡便性のために同一とする
4. 消費税は、損益および所得に影響を及ぼさないこととしてこの計算には含めない
5. 計算過程においても随時、万円単位で切捨て計算をしているため、実数よりも低く表示される

なお、本来であれば税金や社会保険の計算についても詳細を解説すべきところですが、あまりに複雑になることと、本シミュレーションの主題は概要と流れをつかんでいただくことなので、ここでは解説を割愛しています。とりあえず、値をそのまま見ていただければと思います。

税金と社会保険のシミュレーション（会社編）

172ページの試算で求められた「会社損益」を元に会社を作った場合の税金と社会保険料の試算を行います。試算の条件等は下記のようになります。

○会社の税金と社会保険の設定

1. 経営者の給与所得は次の式で求める

   給与支給額＝会社損益－会社負担分の社会保険料
   給与所得＝給与支給額－給与所得控除

   1年目の給与所得は次のように計算される

   給与支給額：95万円＝108万円－13万円
   給与所得：30万円＝95万円－65万円

2. 不動産所得は、14年目に購入した物件の一部を自宅とし、一部を会社に貸し付けした場合を想定

3. 共通データ「家族給与」のように妻と子2人に支給、妻は103万円未満の年は扶養控除に含めている

4. 会社の均等割、妻の所得税、住民税も含めて税負担合計を算出

上記の設定に従った30年の予測表は右ページからのようになります。下のグラフは、単年度の会社の税金の支払額と、その累計額を表したものです。30年間の税金の支払額は約2300万円となります。

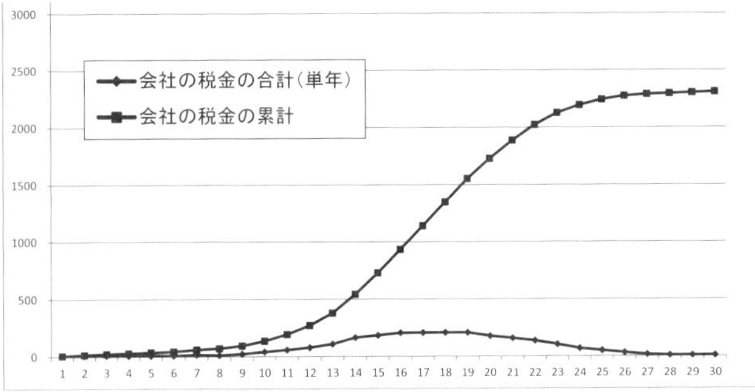

黎明期（1年目～10年目）

●合計所得金額

（単位:万円）

年	1	2	3	4	5	6	7	8	9	10
給与所得(a)	30	82	130	117	173	242	335	350	445	488
不動産所得(b)										
合計(c)=(a)+(b)	30	82	130	117	173	242	335	350	445	488

●所得控除と課税所得

年	1	2	3	4	5	6	7	8	9	10
社会保険料控除(d)	12	19	27	25	36	48	64	66	82	89
小規模企業共済控除(e)	6	6	36	36	60	60	84	84	84	84
生命保険料控除(f)	10	10	10	10	10	10	10	10	10	10
扶養控除(g)				38	38	76	76	114	114	76
基礎控除(h)	38	38	38	38	38	38	38	38	38	38
控除計(i)=(d)+(e)+(f)+(g)+(h)	66	73	111	147	182	232	272	312	328	297
課税所得(j)=(c)−(i)	0	9	19	0	0	10	63	38	117	191

所得金額＜控除（1年目）

所得金額＜控除（4・5年目）

小規模企業共済の上限（7年目）

●税金概算額

年	1	2	3	4	5	6	7	8	9	10
所得税(k)	0	0	0	0	0	0	3	1	5	9
住民税(l)	0	0	1	0	0	1	6	3	11	19
本人税合計(m)=(k)+(l)	0	0	1	0	0	1	9	4	16	28
法人税(n)	7	7	7	7	7	7	7	7	7	7
妻所得税(o)				0	0	0	0	0	0	2
妻住民税(p)				0	0	0	0	0	0	4
妻税合計(q)=(o)+(q)				0	0	0	0	0	0	6
夫妻法人計(r)=(m)+(n)+(q)	7	7	8	7	7	8	16	11	23	41
夫妻法人計(r)の累計	7	14	22	29	36	44	60	71	94	135

妻の給与が103万円以下（4～9年目）

隆盛期（11年目～20年目）

●合計所得金額

（単位:万円）

年	11	12	13	14	15	16	17	18	19	20
給与所得(a)	583	687	803	799	870	943	943	943	943	955
不動産所得(b)				192	194	196	199	200	203	98
合計(c)=(a)+(b)	583	687	803	991	1064	1139	1142	1143	1146	1053

自宅兼事務所の購入による
会社からの家賃収入

●所得控除と課税所得

年	11	12	13	14	15	16	17	18	19	20
社会保険料控除(d)	103	118	135	134	144	154	154	154	154	156
小規模企業共済控除(e)	84	84	84	84	84	84	84	84	84	84
生命保険料控除(f)	10	10	10	10	10	10	10	10	10	10
扶養控除(g)	76	76	76	76	76	76	76	76	76	76
基礎控除(h)	38	38	38	38	38	38	38	38	38	38
控除計(i)=(d)+(e)+(f)+(g)+(h)	311	326	343	342	352	362	362	362	362	364
課税所得(j)	272	361	460	649	712	777	780	781	784	689

●税金概算額

年	11	12	13	14	15	16	17	18	19	20
所得税(k)	17	29	49	87	100	115	115	116	116	95
住民税(l)	27	36	46	64	71	77	78	78	78	68
本人税合計(m)=(k)+(l)	44	65	95	151	171	192	193	194	194	163
法人税(n)	7	7	7	7	7	7	7	7	7	7
妻所得税(o)	2	2	2	2	2	2	2	2	2	2
妻住民税(p)	4	4	4	4	4	4	4	4	4	4
妻税合計(q)=(o)+(q)	6	6	6	6	6	6	6	6	6	6
夫妻法人計(r)=(m)+(n)+(q)	57	78	108	164	184	205	206	207	207	176
夫妻法人計(r)の累計	192	271	379	543	727	932	1,139	1,346	1,553	1,729

円熟期（21年目～30年目）

●合計所得金額

（単位:万円）

年	21	22	23	24	25	26	27	28	29	30
給与所得(a)	882	861	732	591	489	365	294	210	145	68
不動産所得(b)	100	103	105	108	110	114	68	72	74	77
合計(c)=(a)+(b)	982	964	837	699	599	479	362	282	219	145

●所得控除と課税所得

年	21	22	23	24	25	26	27	28	29	30
社会保険料控除(d)	146	143	124	104	89	69	57	42	30	17
小規模企業共済控除(e)	84	84	84	84	84	84	84	84	84	84
生命保険料控除(f)	10	10	10	10	10	10	10	10	10	10
扶養控除(g)	76	114	114	114	114	114	114	114	76	76
基礎控除(h)	38	38	38	38	38	38	38	38	38	38
控除計(i)=(d)+(e)+(f)+(g)+(h)	354	389	370	350	335	315	303	288	238	225
課税所得(j)	628	575	467	349	264	164	59	0	0	0

所得金額＜控除

●税金概算額

年	21	22	23	24	25	26	27	28	29	30
所得税(k)	82	72	50	27	16	8	2	0	0	0
住民税(l)	62	57	46	34	26	16	5	0	0	0
本人税合計(m)=(k)+(l)	144	129	96	61	42	24	7	0	0	0
法人税(n)	7	7	7	7	7	7	7	7	7	7
妻所得税(o)	2	0	0	0	0	0	0	0	0	0
妻住民税(p)	4	0	0	0	0	0	0	0	0	0
妻税合計(q)=(o)+(q)	6	0	0	0	0	0	0	0	0	0
夫妻法人計(r)=(m)+(n)+(q)	157	136	103	68	49	31	14	7	7	7
夫妻法人計(r)の累計	1,886	2,022	2,125	2,193	2,242	2,273	2,287	2,294	2,301	2,308

妻の給与が103万円以下

税金と社会保険のシミュレーション(個人事業主編)

試算で求められた「事業損益」を元に個人事業主の場合の税金と社会保険料の試算を行います。試算の条件等は下記のようになります。

○個人事業主の税金と社会保険の設定

1. 申告に使用する事業所得は172ページの「事業損益」を使い、白色申告で所得控除無の設定
2. 社会保険控除は、国民健康保険の概算と国民年金(途中から2人分、子の分考慮せず)の合計
3. 生命保険については、長女の誕生で最低限加入、その他の掛金モノはしていない想定
4. 専従者控除をせずに、妻、子2人とも他に所得なく、扶養控除に含めている
5. 個人事業税は、翌年に必要経費となるため、経費に含まれているものとし税金合計に含めない

上記の設定に従った30年の予測表は右ページからのようになります。下のグラフは、単年度の個人事業主の税金の支払額と、その累計額を表したものです。30年間の支払額は約4300万円と、179ページの法人とは2000万円の差となります。

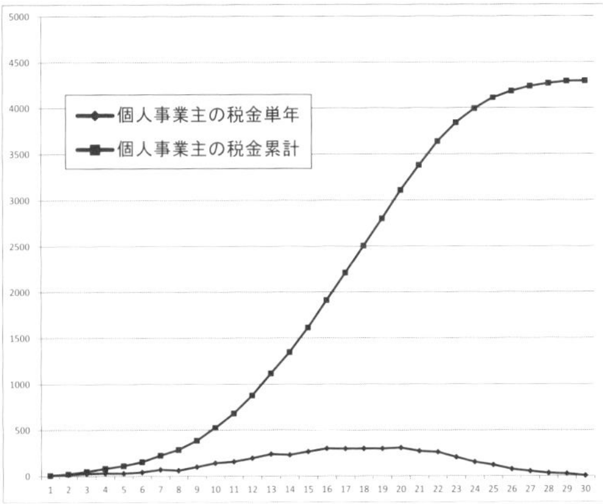

課税データ【個人事業で節税をしない】

黎明期（1 年目 ～ 10 年目）

●合計所得金額

（単位:万円）

年	1	2	3	4	5	6	7	8	9	10
事業所得(a)	114	173	246	337	332	432	554	568	693	840

●所得控除と課税所得

年	1	2	3	4	5	6	7	8	9	10
社会保険料控除(b)	23	24	27	50	52	51	55	62	60	68
小規模企業共済控除(c)										
生命保険料控除(d)						5	5	5	5	5
扶養控除(e)				38	38	76	76	114	114	114
基礎控除(f)	38	38	38	38	38	38	38	38	38	38
控除計(g)=(b)+(c)+(d)+(e)+(f)	61	62	65	126	128	170	174	219	217	225
課税所得(h)=(a)-(g)	53	111	181	211	204	262	380	349	476	615

結婚　長女出産　長男出産

●税金概算額

年	1	2	3	4	5	6	7	8	9	10
所得税(h)	2	5	9	11	10	16	33	27	52	80
住民税(i)	5	11	18	21	20	26	38	34	47	61
合計(j)	7	16	27	32	30	42	71	61	99	141
合計(j)の累計	7	23	50	82	112	154	225	286	385	526

隆盛期（11年目〜20年目）

●合計所得金額

（単位:万円）

年	11	12	13	14	15	16	17	18	19	20
事業所得(a)	903	1,025	1,160	1,150	1,229	1,311	1,311	1,311	1,311	1,332

●所得控除と課税所得

年	11	12	13	14	15	16	17	18	19	20
社会保険料控除(b)	77	81	88	96	95	100	105	104	104	104
小規模企業共済控除(c)										
生命保険料控除(d)	5	5	5	5	5	5	5	5	5	5
扶養控除(e)	114	114	114	114	114	114	114	114	114	114
基礎控除(f)	38	38	38	38	38	38	38	38	38	38
控除計(g)=(b)+(c)+(d)+(e)+(f)	234	238	245	253	252	257	262	261	261	261
課税所得(h)=(a)-(g)	669	787	915	897	977	1,054	1,049	1,050	1,050	1,071

●税金概算額

年	11	12	13	14	15	16	17	18	19	20
所得税(h)	91	117	148	142	168	194	192	192	192	199
住民税(i)	66	78	91	89	97	105	104	105	105	107
合計(j)	157	195	239	231	265	299	296	297	297	306
合計(j)の累計	683	878	1,117	1,348	1,613	1,912	2,208	2,505	2,802	3,108

円熟期（21年目～30年目）

●合計所得金額

（単位:万円）

年	21	22	23	24	25	26	27	28	29	30
事業所得(a)	1,250	1,217	1,068	899	781	622	536	423	332	196

●所得控除と課税所得

年	21	22	23	24	25	26	27	28	29	30
社会保険料控除(b)	106	100	99	89	80	73	63	58	52	49
小規模企業共済控除(c)										
生命保険料控除(d)	5	5	5	5	5	5	5	5	5	5
扶養控除(e)	114	114	114	114	114	114	114	114	76	76
基礎控除(f)	38	38	38	38	38	38	38	38	38	38
控除計(g)=(b)+(c)+(d)+(e)+(f)	263	257	256	246	237	230	220	215	171	168
課税所得(h)=(a)-(g)	987	960	812	653	544	392	316	208	161	28

業績悪化による収入ダウン

長女の独立

●税金概算額

年	21	22	23	24	25	26	27	28	29	30
所得税(h)	172	163	123	87	66	35	21	11	8	1
住民税(i)	98	96	81	65	54	39	31	20	16	2
合計(j)	270	259	204	152	120	74	52	31	24	3
合計(j)の累計	3,378	3,637	3,841	3,993	4,113	4,187	4,239	4,270	4,294	4,297

04-07 30年の会社／個人の比較 〜財産・負債・純資産編

財産・負債・純資産のシミュレーションの基本設定

最後に、これまでの総まとめとして、財産、借入金、純資産のシミュレーションを行います。会社と個人事業主で共通する試算の前提条件は次のようになります。

○財産・負債・純資産の試算の前提

1. 会社と個人事業主両方とも「事業（会社を含む）＋家計」の合計で、財産、借金、純資産を計算する
2. 計算の簡略化のため、現金預金と不動産（建物）以外の財産を保持しない設定としている
3. 事業（会社を含む）+家計の合計としたため、会社の株式も記載しない形となる
4. 負債についても、その年の所得に対する年末現在の未払税金と、不動産借入金のみの設定とする
5. 計算過程において随時、万円単位での差引をしていることによる誤差がある

会社の場合の財産・負債・純資産のシミュレーション

会社の場合には、下記のような条件で算出します。

○会社の財産・負債・純資産の試算の前提

1. 元手 300 万円でスタート
2. 13 年目に自宅件事務所として 3000 万円で不動産を購入
3. 上記の不動産購入のため 2500 万円を借入

上記の設定に従った30年の予測表は下記のようになります。下のグラフは、財産合計、負債合計、純資産額の推移を表したものです。13年目の不動産購入と負債の増加をきっかけに純資産が急増していることがわかります。

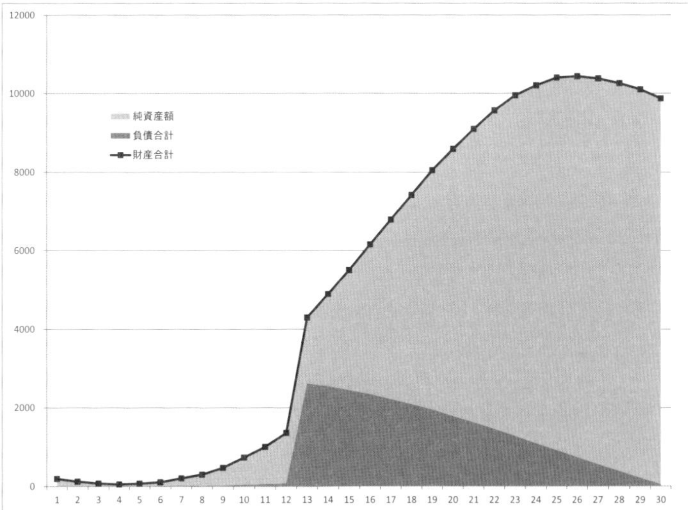

財産、負債、純資産データ【個人事業＋会社を作り節税する】

黎明期（1年目～10年目）

●財産の推移

（単位:万円）

年	1	2	3	4	5	6	7	8	9	10
現金預金(a)	195	124	76	54	74	106	208	302	474	736
不動産(b)										
財産合計(c)=(a)+(b)	195	124	76	54	74	106	208	302	474	736

●負債の推移

年	1	2	3	4	5	6	7	8	9	10
未払税金(d)	7	7	8	7	7	8	16	11	23	41
長期借入金(e)										
負債合計(f)=(d)+(e)	7	7	8	7	7	8	16	11	23	41

●純資産の推移

年	1	2	3	4	5	6	7	8	9	10
純資産額(g)=(c)−(f)	188	117	68	47	67	98	192	291	451	695

隆盛期（11年目～20年目）

●財産の推移

（単位:万円）

年	11	12	13	14	15	16	17	18	19	20
現金預金(a)	1,008	1,360	1,297	1,972	2,654	3,381	4,088	4,794	5,501	6,115
不動産(b)			3,000	2,925	2,850	2,775	2,700	2,625	2,550	2,475
財産合計(c)=(a)+(b)	1,008	1,360	4,297	4,897	5,504	6,156	6,788	7,419	8,051	8,590

現預金が最大

財産合計が5000万円超

●負債の推移

年	11	12	13	14	15	16	17	18	19	20
未払税金(d)	57	78	108	164	184	205	206	207	207	176
長期借入金(e)			2,500	2,382	2,261	2,137	2,010	1,880	1,747	1,610
負債合計(f)=(d)+(e)	57	78	2,608	2,546	2,445	2,342	2,216	2,087	1,954	1,786

未払税金が最大

●純資産の推移

年	11	12	13	14	15	16	17	18	19	20
純資産額(g)=(c)−(f)	951	1,281	1,689	2,351	3,059	3,814	4,571	5,332	6,097	6,804

純資産が1000万円超

純資産が5000万円超

円熟期（21年目～30年目）

●財産の推移

（単位:万円）

年	21	22	23	24	25	26	27	28	29	30
現金預金(a)	6,698	7,248	7,705	8,031	8,303	8,413	8,430	8,383	8,303	8,149
不動産(b)	2,400	2,325	2,250	2,175	2,100	2,025	1,950	1,875	1,800	1,725
財産合計(c) =(a)+(b)	9,098	9,573	9,955	10,206	10,403	10,438	10,380	10,258	10,103	9,874

現預金が最大

●負債の推移

年	21	22	23	24	25	26	27	28	29	30
未払税金(d)	157	136	103	68	49	31	14	7	7	7
長期借入金(e)	1,470	1,326	1,179	1,028	873	714	551	384	213	38
負債合計(f) =(d)+(e)	1,627	1,462	1,282	1,096	922	745	565	391	220	45

●純資産の推移

年	21	22	23	24	25	26	27	28	29	30
純資産額(g) =(c)－(f)	7,471	8,111	8,673	9,110	9,481	9,693	9,815	9,867	9,883	9,829

現預金が最大

試算の結果、元手の300万円でのスタートですが、1年目の総資産は188万円となります。そして財産が元手の300万円に戻るまで8年かかっています。これは、妻への給料やさまざまな節税目的の掛金を支払っているからです。

純財産が1000万円を超えるのは個人事業主のみの場合より遅くて12年目となり、不動産を借入もして購入した以降は、加速して15年目に純資産は5000万円を超えます。

次に述べる、個人事業主のみに比較すると30年間の総納税額が2308万円と、2000万円近く少なく済んでいることが純資産の差にあらわれています。

個人事業主の場合の財産・負債・純資産のシミュレーション

個人事業主の場合には、下記のような条件で算出します。

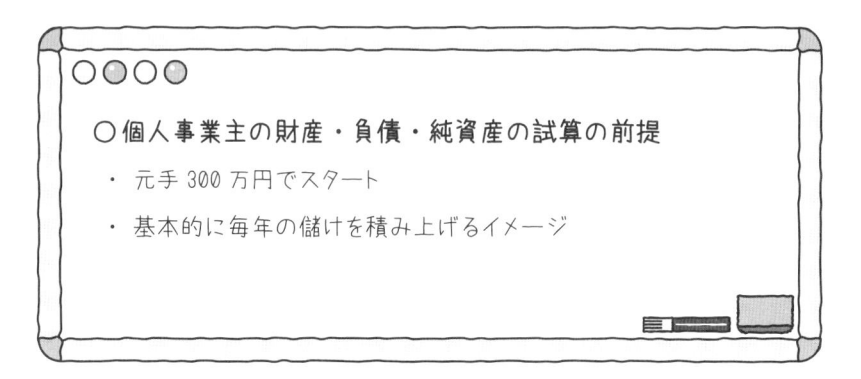

○個人事業主の財産・負債・純資産の試算の前提

- 元手 300 万円でスタート
- 基本的に毎年の儲けを積み上げるイメージ

上記の設定に従った30年の予測表は右ページのようになります。下のグラフは、財産合計、負債合計、純資産額の推移を表したものです。負債が少ないため、着実に純資産を積み上げていくイメージです。

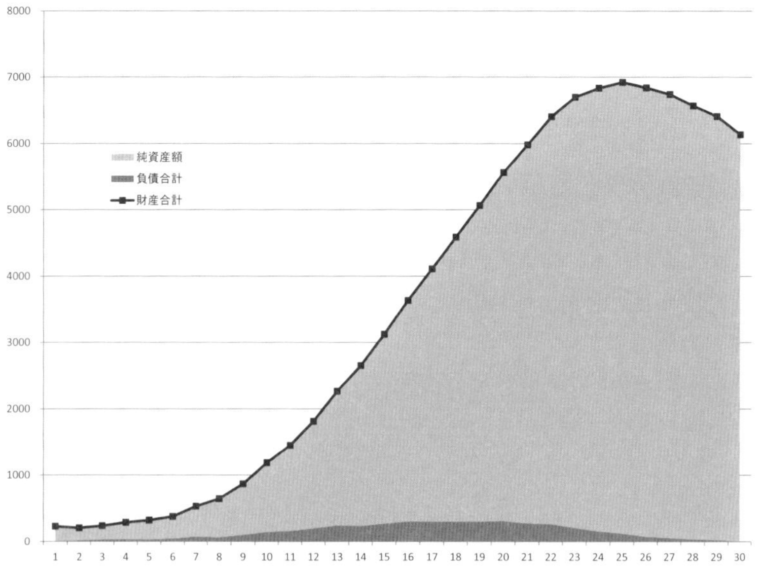

黎明期（1年目～10年目）

●財産の推移

（単位:万円）

年	1	2	3	4	5	6	7	8	9	10
現金預金(a)	229	205	238	288	321	375	529	644	867	1,185
不動産(b)										
財産合計(c)=(a)+(b)	229	205	238	288	321	375	529	644	867	1,185

現預金が1000万円超

●負債の推移

年	1	2	3	4	5	6	7	8	9	10
未払税金(d)	7	16	27	32	30	42	71	61	99	141
長期借入金(e)										
負債合計(f)=(d)+(e)	7	16	27	32	30	42	71	61	99	141

●純資産の推移

年	1	2	3	4	5	6	7	8	9	10
純資産額(g)=(c)－(f)	222	189	211	256	291	333	458	583	768	1,044

現預金が1000万円超

隆盛期（11年目～20年目）

●財産の推移

年	11	12	13	14	15	16	17	18	19	20
現金預金(a)	1,451	1,815	2,265	2,651	3,123	3,636	4,110	4,588	5,065	5,567
不動産(b)										
財産合計(c)=(a)+(b)	1,451	1,815	2,265	2,651	3,123	3,636	4,110	4,588	5,065	5,567

金が5000万円超

●負債の推移

年	11	12	13	14	15	16	17	18	19	20
未払税金(d)	157	195	239	231	265	299	296	297	297	306
長期借入金(e)										
負債合計(f)=(d)+(e)	157	195	239	231	265	299	296	297	297	306

納税額が最大

●純資産の推移

年	11	12	13	14	15	16	17	18	19	20
純資産額(g)=(c)－(f)	1,294	1,620	2,026	2,420	2,858	3,337	3,814	4,291	4,768	5,261

円熟期（21年目～30年目）

●財産の推移

年	21	22	23	24	25	26	27	28	29	30
現金預金(a)	5,980	6,405	6,699	6,835	6,922	6,840	6,741	6,569	6,409	6,135
不動産(b)										
財産合計(c) =(a)+(b)	5,980	6,405	6,699	6,835	6,922	6,840	6,741	6,569	6,409	6,135

現預金が最大

●負債の推移

年	21	22	23	24	25	26	27	28	29	30
未払税金(d)	270	259	204	152	120	74	52	31	24	3
長期借入金(e)										
負債合計(f) =(d)+(e)	270	259	204	152	120	74	52	31	24	3

●純資産の推移

年	21	22	23	24	25	26	27	28	29	30
純資産額(g) =(c)−(f)	5,710	6,146	6,495	6,683	6,802	6,766	6,689	6,538	6,385	6,132

純資産額が最大

個人事業主の場合も元手300万円でスタートし、1年目の資産額は222万円からのスタートとなり、開始から4年間は元手の金額である300万円を割り込んでしまいます。一般的に行われる節税や、無駄遣いをしない形での特徴を確認ください。

10年目で純資産額が1000万円を超えています、この年に税額は100万円を超えています。納税額が最大なのは20年で306万円、しかし純資産額の増加が最大なのもその年です。

このサンプルはあくまでも、ほぼ節税をしない極端な例示で、30年間の総納税額4297万円となります。

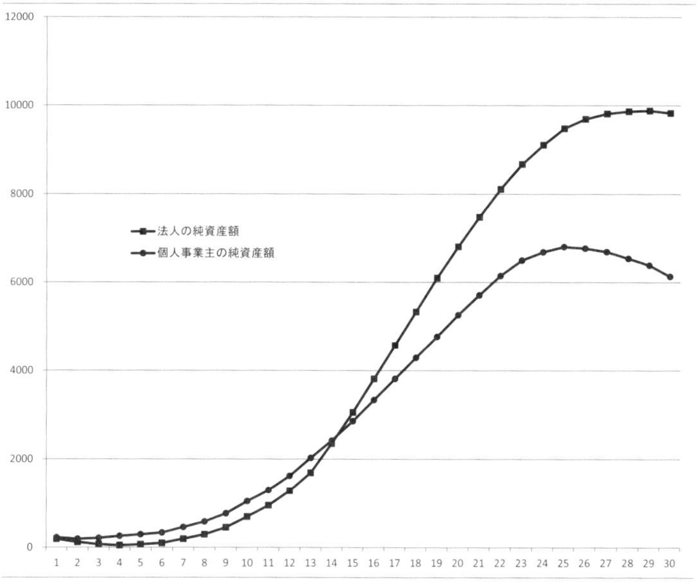

上のグラフは個人事業主と会社の純資産額を表したものです。

会社のほうが急速に延びていることが一目でわかりますが、これは両者の業態よりも投資などへの考えの差が表れているといえます。

04-08 成長ステージ別の会社の使いこなし方～黎明期

黎明期、独身から結婚したて、仕事が趣味のような時期？

起業をする段階ですぐに会社を設立するか、個人事業主で起ち上げてしばらくしてから会社にするか、歩んだ道によって少々の差はありますが、ここでは少なくとも早めに会社を設立した場合で考えていきます。

会社を設立することによって、自分自身が給料をもらうことで給与所得控除分の節税が可能となることをはじめ、社宅など使える規程を利用してこまめに節税して、その資金は事業に投下しています。

この時期は、会社であることの信用は、さほどの強みとはならない時期ですが、保証人を他に求めないで済むようなプラスはあります。むしろ明確な効果があるのは税金面で、税務署との間に会社を挟むことで、個人事業主で事業を行うよりも一定の節税ができるようになります。

社会保険は、従業員を雇っていなければ、加入の義務はありませんが、あえてこの時期に加入することをお勧めします。会社にするのであれば、これらの「将来に備える支出」は早めの加入が得策です。この加入によって、例えば妻がまだ事業には関わらず専業主婦である場合には、自分が厚生年金をかけることで、三号被保険者として妻の分の支払いなく国民年金がかけることができます（128ページ参照）。

Column

小さな失敗談「機を逸した社会保険加入」

Aさんは、設立から間もなく２人の従業員を雇用したときに社会保険への加入を検討していました。しかし、まだ売上高も少なかったため、「事業が軌道に乗ってから」にしようと先延ばしにしていました。

数年後、順調に業績も向上したため、そろそろ加入しようとしたら思わぬ反対を従業員たちから受けることになりました。従業員は当時の２人から５人まで増えており、そのうちの３人が「手取り額が減るのは困る」というわけです。かといって現在の手取り額を満たすように、社会保険料を上乗せした給料にするほどの余裕は会社にはなく、結局、十年以上経った今も未加入のままとなってしまいました。

その後も、若手の社員から社会保険への加入の希望の声があがるのだが、年齢の高い古参社員は「これから入ったって、オレは年金をもらえないよ」と反対されてしまっていて話が前に進みません。

社長であるAさんも、自分が年金をもらう年齢が近づいてしまっていて、今さら厚生年金にしても、大した付加がないのではないかと加入の機を逸したことを後悔しています。

■ポイント

・従業員が増えてからの加入には思わぬ横槍が入る
・当初から社会保険の加入を前提にした給与設定が望ましい
・社会保険分も見込んだ利益は、急には稼ぎ出せない
・病気入院の従業員に傷病給付が無ければ会社が被る？
・社会保険未加入は求人において不利となる時代に

黎明期から実施しておきたい節税テクニック

黎明期における小さなステップアップとしては、事業が軌道に乗ってきたときに、配偶者に少し仕事を手伝ってもらい給料を支給するようにします。個人事業主とは違って、月額８万円程度の給料を支払っても、会社の場合は年103万円以下であれば経営者の扶養家族（控除対象配偶者）にすることが可能です。その分については、会社では経費が増え、少額ではあっても配偶者独自の収入ができ、自分の節税にもなります。もっとも、事業の発展スピードが早ければ、この時期はアッと言う間に通り過ぎて次の段階（配偶者の仕事内容、時間や給料も正社員並み）になってしまいます。

生命保険は少額の保障でも良いので、会社で掛けるようにします。個人での掛金は、自分が所得税・住民税を負担した後の残りから掛けていることを考えれば、会社で掛けることの「利」は明らかです。

小規模企業共済のような掛金の自由度が高い積立的なのに節税効果も高いものは、少額でも早めに掛け出しておけば、業績に応じて掛金の増減をすることができます。

○黎明期にぜひともやっておきたい会社の使い方

- 事業が軌道に乗った時点で配偶者に事業に参加してもらい年間103万円以下で給与を支払う
- 生命保険は少額で良いので会社で加入する
- 小規模企業共済など、将来の備えになるものも早めの加入が吉

黎明期は何をしていくかを明確にする時期

存在として、この頃の会社は「ツール」的で、正に自転車のように、少し早く走り、ちょっと重い荷物も運ぶのに適しています。

大切なことは、Chapter 1に書いたように、この時期にこそ、何処へ向かっているのかを明らかにして、自らの隆盛期、円熟期を思い描いて、ハンドルを握りペダルをこぐことです。そんな意味でも、社会保険の加入、生命保険、小規模企業共済などの加入は、「いつか儲かってから」と考えがちですが、まさかのときの備えとして頼もしく、節税効果もあるため、黎明期から行っておくことをお勧めします。

ここからは、30年の会社／個人の比較シミュレーションで、黎明期を見てみることにしましょう。数字を目の前にすることによって、少しでも具体的なイメージを持ってもらえればと思います。

1年目：スタート段階は同じ元手でスタート

事業開始当初はどちらも元手300万円で事業を開始しますが、その後の資金の回収は会社と個人事業主では差があり、個人事業主のほうが早く元手を回収します。これは、個人事業主にはない、配偶者の社会保険料などの支払いが影響しています(125ページ参照)。

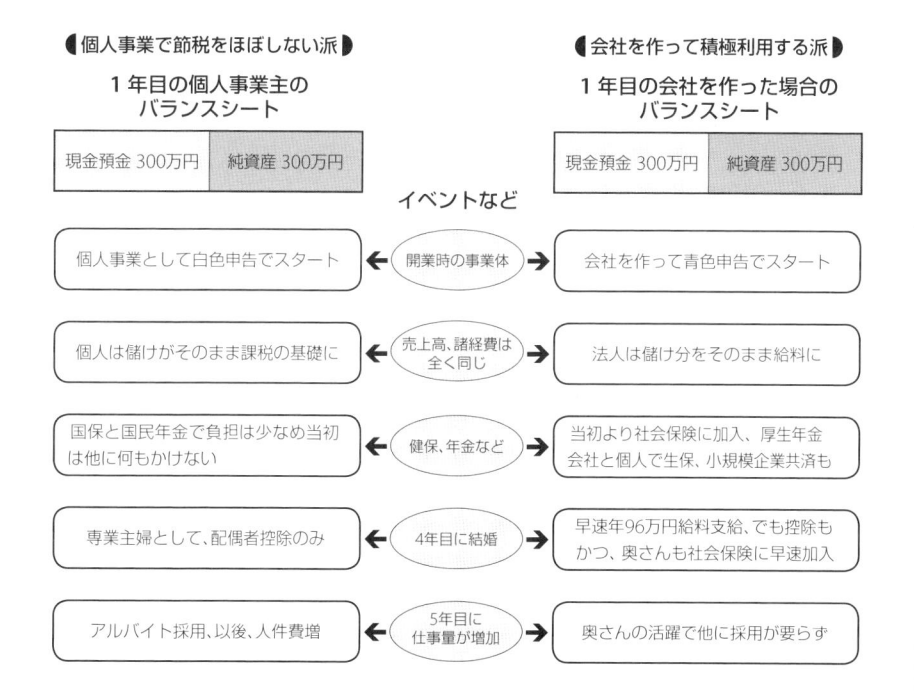

個人事業で節税をほぼしない派

1年目の個人事業主のバランスシート

現金預金 300万円	純資産 300万円

会社を作って積極利用する派

1年目の会社を作った場合のバランスシート

現金預金 300万円	純資産 300万円

個人事業で節税をほぼしない派	イベントなど	会社を作って積極利用する派
個人事業として白色申告でスタート	開業時の事業体	会社を作って青色申告でスタート
個人は儲けがそのまま課税の基礎に	売上高、諸経費は全く同じ	法人は儲け分をそのまま給料に
国保と国民年金で負担は少なめ当初は他に何もかけない	健保、年金など	当初より社会保険に加入、厚生年金会社と個人で生保、小規模企業共済も
専業主婦として、配偶者控除のみ	4年目に結婚	早速年96万円給料支給、でも控除もかつ、奥さんも社会保険に早速加入
アルバイト採用、以後、人件費増	5年目に仕事量が増加	奥さんの活躍で他に採用が要らず

5年目：いずれも純資産が減少

開業5年目の状態では、会社も個人事業主のどちらも、純資産が減少しています。会社の運営と生活費を支弁して、余裕があまりなく、スタートアップの大変さがうかがえます。

特に会社を作る場合には、社会保険などの加入があるため手元資金の減少が個人事業より早く、売上が伸びなければこの時期で終わってしまう可能性もあります。

なお、未払税金は翌年に支払う所得税、住民税を計上しているものです。

最初の子どもが6年目、2人目が8年目に誕生するため、それぞれ扶養家族の増加、生活費や食費もジワリと増えるのは、どちらも同じです。

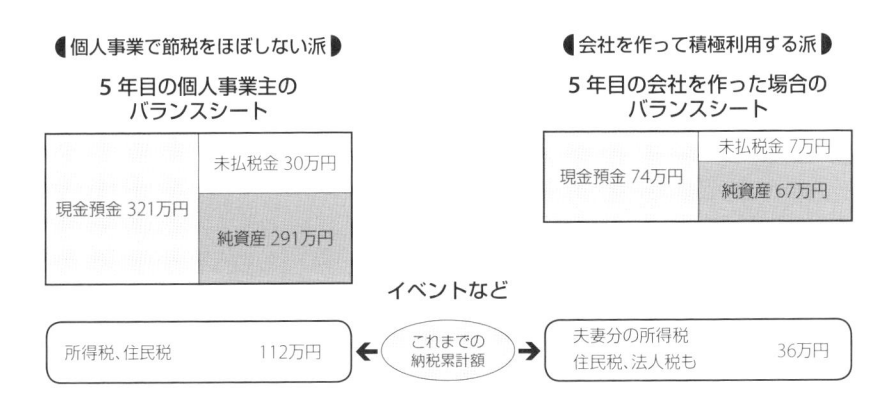

個人事業で節税をほぼしない派

5年目の個人事業主のバランスシート

現金預金 321万円	未払税金 30万円
	純資産 291万円

会社を作って積極利用する派

5年目の会社を作った場合のバランスシート

現金預金 74万円	未払税金 7万円
	純資産 67万円

イベントなど

個人事業		会社
所得税、住民税　112万円	← これまでの納税累計額 →	夫妻分の所得税 住民税、法人税も　36万円

10年目：会社と個人で手元資金に差がでてくる

黎明期の10年目を終えた段階で、会社と個人事業主で大きく手元資金に差が出ています。

下図のバランスシートを見ると、一瞬、個人の方が得かと判断しがちですが、社会保険や厚生年金、小規模企業共済などの将来への備えまで考えると、あながちそうとは言えません。

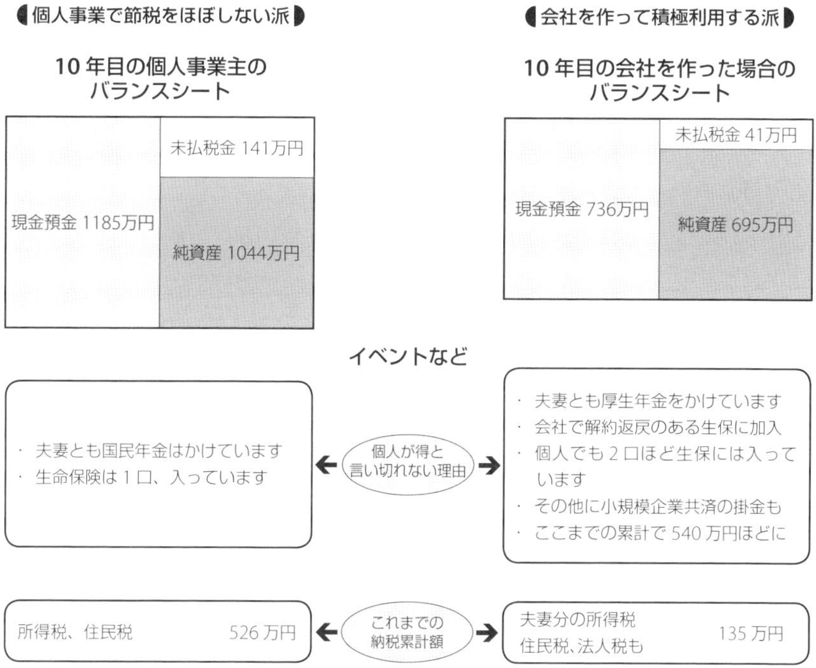

04-09 成長ステージ別の会社の使いこなし方～隆盛期

黎明期　隆盛期　円熟期

子も生まれ、事業を拡大し、個人的にも蓄財すべき時期

黎明期の会社が「ツール」的であるのに対して、隆盛期の会社は「じぶん」的、つまり、自分と会社が一心同体である時期がしばらく続きます。

事業が順調に発展する中で、自分に対する給料（役員報酬）も、生活に足りて余裕が生まれるだけのものを得ることができるようになってきます。そうなってくるといつの間にか、黎明期にはあれ程高く感じた会社の税金（法人税など）負担が、それほどではなくなってきます。

個人の所得税も年330万円を超えれば20%で住民税と合計で30%の税率となりますが、会社の税金は年400万円以下が25%弱ですからどちらで税金を支払うのかを考える時期がこの頃です。

経営者個人と会社が一心同体というのは、会社を設立するときに自分がほぼ100%出資している場合なら、自分の預金と会社の預金は法的には別々であっても、会社の出資を通して自分のものであるのと何ら変わらないことを言っています。結局、どちらにストックしても同じであるならば、税負担が軽く、歩留まり良く残せる方を選択するのがこの時期の特徴です。

儲かっても「費用をひねり出す」行為は単なる「ムダ遣い」

この時期に、ありがちな間違った選択として「税金を支払うくらいなら、経費を使ってしまおう」という本能のような「反応」があります。

しかし、この選択を続けて、成功した人を筆者は見たことがありません。

もちろん、資金的な余裕があるときの設備の更新や新規投資、積極的な販売促進費用の投入、将来投資となる研究開発など、前向きな投資はケチれば衰退の始まりとも言えるので、経費を使うことをすべて否定はしません。問題となるのは、自分が充分な果実を得て、なすべき前向き投資をした後の利益までも目の敵にして「費用をひねり出そう」とするような場合です。

これらの「費用をひねり出す」行為は単なる「ムダ遣い」に過ぎず、結果として財布は空になり、次の年の運転資金に事欠く状態となります。

落ち着いて考えておきたいのは、利益を残して課税されたとしても手元に6割以上が残ることです。一方、利益のすべてを使い切ろうと「ムダ遣い」をした場合には、手元に残るのはゼロ、うっかりすれば支払わなければならない請求書の束が残る、つまりマイナスの状態になることすらあります。

「ムダ遣い」される方には、継続して事業を成功させている方がいないのは当然のことかもしれません。

Column

小さな失敗談「妻の給料は、二度と帰って来ない?」

最も頼りになる社員は妻、だから「自分と変わらない給料を支払っています」と胸を張っていたBさん。

税務署の調査はそれで通りましたが、奥様はその給料の全額を自分のためにしか使わず、会社の資金繰りが厳しくても貸してもくれないことがわかったのは、しばらく後のことでした……。

■ポイント

・本人の仕事に見合った給料の額でなければならない
・本人の手に全額渡さないと税務的に問題あり
・イザというときのために貯金を「お願い」する
・それが無理なら「家計の応分の負担」を要望する
・せめて、自分の給料袋まで渡さない

社員の雇用や出資を受けるなど「自分だけの会社」でなくなる時期

隆盛期は「じぶん」的、つまり一心同体である時期がしばらく続きますが、その先には大きな分岐点が2つあります。

1つは、手伝ってくれる妻を含むアルバイトや下請けだけでは人手不足で、社員を採用するなど、事業に自分以外のマンパワーが必要となる場合です。

より事業が発展してくれば、必要な技能・経験のあるベテランをヘッドハントする、金融機関から財務担当として人を招くことなど、その道のプロを雇い入れることができるようになります。

もう1つは、ほぼ100%の出資を持っていた会社に、他の人物もしくは会社から出資を受け入れる場合です。また、形は本質的に異なりますが融資を受ける場合も、自分の会社にお金を受け入れることとしては同様です。

これまでは自分の頭で考え、自分の資金と身体を動かして、全責任を自分が背負う代わりに、すべては「オレのモノ」でした。その会社に、ヒトが関わればそのヒトの人生が連なり、カネを受け入れれば身勝手が許されないこととなります。

Column

小さな失敗談「配偶者の持ち株」

会社設立のときに、40%を妻の持ち株としたCさん。仲睦まじいうちはよかったが、不仲になってからは株主総会にひと苦労。さらに離婚が決まってからは、委任状を持った弁護士が総会に来る始末。株式の買い取り要求額もかなり高額に……。

■ポイント

・自分の思い通りにしたいのなら67%以上を保有する。

・名義株であるなら、その旨を記した証書を作成しておく

・それより、夫婦円満を心がける方が簡単？

この問題については本章の主題と少し離れてしまうため、この分岐点で何をどう受け入れたら良いのかについては、ここでは簡単に次のようにまとめておきます。

いずれかまたは両方を受け入れた瞬間から、会社は「自分のモノ」ではなくなり「みんなのモノ」になる

本書では、このまま「オレのモノ」のままを想定して続けます。

自宅などの不動産での財産形成も会社を使って可能になる

隆盛期に、充分な資金的余裕が生まれれば、個人で不動産を購入し、一部を会社に貸付けることも可能です。価値ある財産を選択することはもちろんですが、会社から受け取る家賃でローンを支払うことも可能ですし、このような資金循環は、個人と会社の両方を使い倒すスタイルの代表的な手法の1つと言えます。

会社では、その個人への支払いが経費となり、個人では受け取る家賃でローンの支払いをすることで、資金的に窮することなく財産を増やすことができます。

ちなみに個人の所得税においては、それぞれの所得ごとに特例や控除などが定められています。例えば、不動産所得や事業所得なら青色申告の特別控除が設けられており、一時所得ならば50万円の控除と所得を2分の1にできるなどがあります。これらは小ワザではありますが、少しずつポイントを貯めるように利用すれば、チリツモ的な効果が得られます。

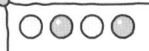

○隆盛期にぜひともやっておきたい会社の使い方

- 儲けが出たら前向きな投資を行うことを検討する
- 経営者個人の財産形成に会社を利用する

30年の会社／個人の比較シミュレーションで隆盛期を見ると、比較してきた個人事業主とこのあたりから差が出てきます。節税などへの取り組みの結果がこのあたりから見えるようになってきます。

15年目：純資産額で会社が個人を逆転

この時期は事業が順調に成長すると、売上高の伸び率は少し落ち着きますが、売上高は最高になることが多い時期となります。

シミュレーションでは、この瞬間での手元金は個人事業が多くなりますが、純資産額は、借入金を差引してもこの段階で初めて逆転します。

個人事業で節税をほぼしない派

15年目の個人事業主のバランスシート

資産	負債・純資産
現金預金 3123万円	未払税金 265万円
	純資産 2858万円

会社を作って積極利用する派

15年目の会社を作った場合のバランスシート

資産	負債・純資産
現金預金 2654万円	未払税金 184万円
	借入金 2261万円
建物 2850万円	純資産 3059万円

イベントなど

個人事業で節税をほぼしない派		会社を作って積極利用する派
・財産を購入せずに、手元現金を増やす	上記以外の資産ストック	・13年目に実家の土地を借りて建築60%を会社に貸し、40%を自宅とする ・500万円の自己資金、2500万円借入、両方の家賃分より少額でも18年での早期返済 ・家賃収入分は青色で申告することに
所得税、住民税 1613万円	これまでの納税累計額	夫妻分の所得税 住民税、法人税も 1729万円
自宅の家賃負担は変わらず 育ちざかりも相まって年423万円	生活費については	家賃負担はなくなり、ローン返済などにローン自宅分を加えても年320万円前後

20年目：節税の有無が大きな差に

個人事業主は預金だけをストックしているため、手元金は多いのですが、それ以外の資産はなく、ほぼ現金だけの資産構成となっています。会社の方は、借入金の残高もありますが純資産額の差も大分拡がっています。さらに年金や小規模企業共済などの掛金などを考えると差はさらに広がります。

このように大きな差となった原因は資産の購入の有無ではなく、税金に対する備えの差です。下の図を見ればわかるように、会社の方の税金の合計は1729万円で、個人の方は3108万円と、年間1379万円もの大きな差があります。個人事業主の方は節税などをほとんど行っていないことが理由ですが、妻の給料を出すだけでもこの差は縮まります。

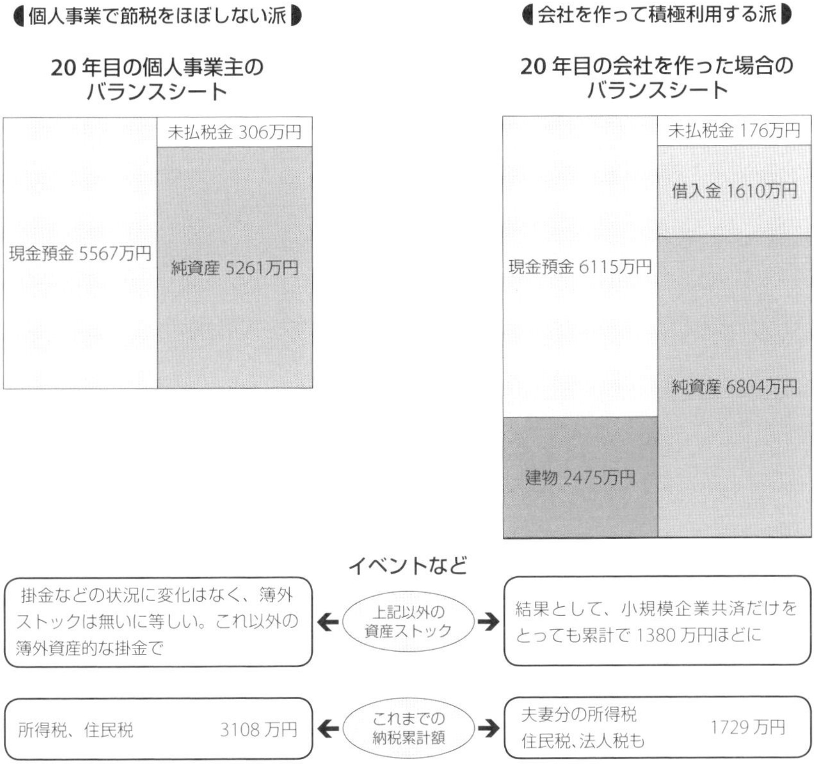

Column

小さな失敗談「住宅借入金等特別控除の適用」

４階建ての店舗兼住宅を建築したＤさん。１階と２階は店舗兼事務所、３階と４階は住まいのつもりでいたが、思ったよりも店舗が手狭であったので、一部計画を変更して、３階に倉庫を作りました。

ところが、その結果、居住用の面積の割合が 50% を下回り、あてにしていた住宅ローン控除が利用できなくなってしまいました。

おまけに、会社に対する貸付面積が増えたため、個人が受け取る賃料が増え、納税も増えてしまいました。

■ポイント

- 住宅借入金等特別控除の床面積は２分の１以上が居住用でなければならない
- 店舗兼用の場合には、共用部分の面積も含めて判定
- 用途変更は、特別控除の期間終了後が得？
- 充分な所得がなければ、特別控除は得にならない

04-10 成長ステージ別の会社の使いこなし方〜円熟期

黎明期　隆盛期　円熟期

後継ぎ・後進に道を譲り、換金しリタイヤ・相続対策期

黎明期の「ツール」、隆盛期の「じぶん」に並べるなら、円熟期における会社は「ポケット」的な位置づけといえます。これまでにさまざまな形で、ストックしてきた財産をポケットから取り出すように自分の手元に得て行く形を思い浮かべてみてください。

その時点での会社の状態にもよりますが、順調に後継者が育っていれば、道を譲り、退職金を取ってリタイヤする方法は憧れの道かもしれません。

やめるにやめられない借金を抱えていたり、中には適度に働く方が健康のために良いと一生仕事を続ける人もいますが、それでも、隆盛期と同じペースで続けるのは困難ですから、何らかの形で負担を軽減することが必要になってきます。

円熟期の「仕上げ」が「換金」です。換金とは、具体的には自分の会社の出資（株式）の売却などを指します。隆盛期の分岐点の１つとして、すでに外部に出資を求めていれば残りの部分の売却を検討する時期となります。

会社とその事業は、親族や親族以外の後継者や社員、場合によってはライバル企業に売り渡して換金することになります。この場合に親族であれば贈与または相続で、親族以外の後継者や社員に譲るのであれば持株会や個別の譲渡を検討することとなります。

会社を売り渡すかどうかに関わらず、自分が退職しても、会社の顧問、相談役などで給料をもらい続けることも、会社がまだ利益を上げ続ける仕組みを持ち続けていれば可能です。自身の不動産を会社に貸し続けて家賃を得る

ことも同様です。自分と会社との距離感は、状況により大きくことなりますが、自分の引退とともに会社を清算して終えるパターンも、少なからずあります。

25年目：売上が鈍化する時期でありながら学費の負担が増える

事業開始から25年ともなれば、なんらかのテコ入れをしなければ、通常は事業の伸びが鈍化します。反面、子供達が成長し、シミュレーションでは25年目、27年目に子どもらが大学生となり、その前年から入学に関わる支出などが増加します。

また、まだ少し先のことではあるものの、年金の受給などに備えて借入などの返済を済ませ、綺麗な状態で還暦を迎え、ゴールへ向けて準備する時期となります。

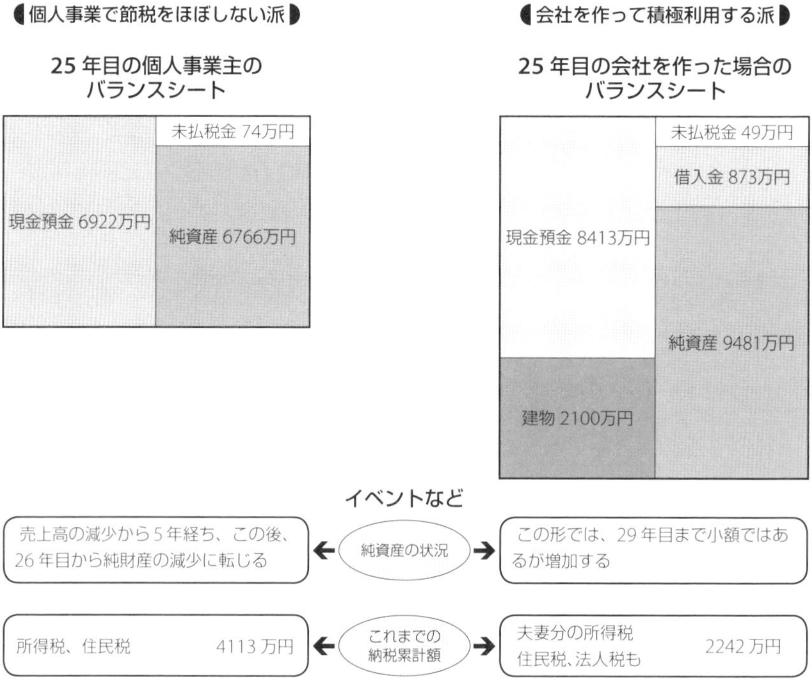

30年目：最終形

シミュレーションの最終形である30年目では、会社と個人事業主で純資産の額にかなりの開きができてきます。また、老後の保障などについてもかなりの差が出ることがわかります。

個人事業で節税をほぼしない派

30年目の個人事業主のバランスシート

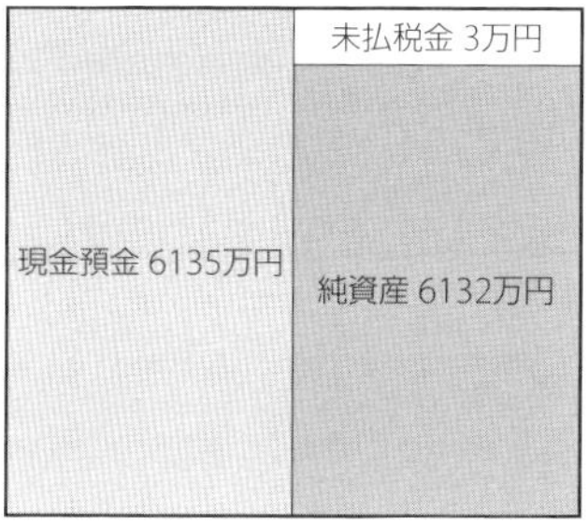

会社を作って積極利用する派

30年目の会社を作った場合のバランスシート

イベントなど

個人事業で節税をほぼしない派		会社を作って積極利用する派
夫婦の国民年金見込み年 156 万円	老後の保障	会社契約生保解約返戻金 約 324 万円 夫婦の厚生年金見込み　年 295 万円 年金型生保の保険金、本年より受取 小規模企業共済掛金　2220 万円
所得税、住民税　4297 万円	これまでの納税累計額	夫妻分の所得税 住民税、法人税も　2308 万円

04-11 会社の舵取りは「リスク」をどう考えるかで決まる

結局はキャッシュを持つ会社が強い？

「30年の会社／個人の比較シミュレーション」と「成長ステージ別の会社使いこなし方」を使って、この先の会社の使われ方の概要をみてきました。また、同時に会社と個人事業主の比較なども行ってきましたが、この試算の結果だけでどちらが優れている、とか、どちらが得であるとか決めつけることはできません。

このモデルパターンは2つとも、徹底して「自分の方法」を貫いた形にしてあるため、こんなに極端な結果として差がついていますが、途中のコメントにも書いたように、個人事業主でも青色申告の届出をして、青色申告控除や青色専従者給料などの特典を利用すれば、これ程の差にはなりません。

また、どちらも前提を置いて、現実には存在するような事柄もかなり試算のために省略したりもしています。この試算と「現実」との最も大きな差は、「現実」の世界では、この試算のように安定して売上高が伸びて、何の突発的な事故も起きず、得意先の倒産や外的な要因による大きな価格変動などすら織り込んでいません。

実はそんな突発が起こったときには、常に手元にキャッシュを持ち続けていて30年間の平均で残高3500万円余りの個人事業主で節税せずのスタイルの方が強いかもしれません（会社を作った場合の手元平均は2535万円）。

保険やその他の掛金についても、国の制度や法律の変化でどのようにその給付などが変更されていくのかは誰にもわからない未来のことですから、完璧な安全とも言い切れないのが現実です。「ほら、やっぱり現金が強いよ」という場面もあり得るわけです。

これらをまとめて言えば、この極端なモデルパターンのどちらに近い形を選ぶかは、あなたが、「どのようなリスク耐性を持って生きて行くのか」と言う生き様の部類、そんな選択の話なのかもしれません。

聖書の「タラントの教え」の話

聖書にある、「タラントの教え」とか「タラントのたとえ」と呼ばれる話をご存じでしょうか。

ある主人が旅に出る前に、3人の使用人にそれぞれ、お金を5タラント、2タラント、1タラントを預けます。5タラント、2タラントを預けられた使用人は2人ともそれを元手に商売をして儲け、お金を増やします。1タラントを預けられた使用人は、失敗を恐れ、土に埋めて保管しておきました。

主人が戻って、それぞれ倍にしたタラントと、土に埋めてあったタラントを主人に報告して渡します。5タラント、2タラントの使用人は褒められ、「もっと多くのものを管理させよう」と喜ばれますが、1タラントの使用人は叱られ、その1タラントも取り上げられた、という話です。

なかなか深く、意味はどうにも取れる話ではありますが、筆者はこの話の中での1タラントを預かった使用人が間違った選択をした、というためにこの話を紹介したわけではありません。この3人が、それぞれが事業主であって、この1タラントを預かった人も「増えないけれど、減らなかった、良かった」と思っていたならば、これも許容されるのだと思います。

「虎穴に入らずんば虎子を得ず」とか「火中の栗を拾う」とか、ついつい勇ましい決断に拍手が集まりやすい世の中ですが、その時々の選択の責任者は、自分の事業をされるならば、それは事業主であるあなた、です。

聖書のこのタラントの話は、「タレント」=「才能」の語源と言われています。場面によっては土に埋めて時を待つ選択が正解の時もあって、それを選ぶのはやはりあなたなのですから。

Chapter 05
株式会社を作ってみよう

05-01 会社を作るときの基礎知識

会社を設立するときまでの手続きの概要

株式会社を設立するまでには、さまざまな手続きを踏まなくてはなりません(右ページ図参照)。会社の設立の手続きを開始する前に、必要なことをすべて決めておく必要があります。

ここでは、会社設立までのフローを簡単に説明します。

会社の基本事項の検討等

まず、会社を作るために必要な項目を決定します。会社の名称や住所、資本金の額など事業を行う上で必須なことから、発起人や定款の内容など、どちらかといえば法律上・手続き上で必要な事柄まで、決定すべき項目にはさまざまなものがあります。

会社は法務局という役所に設立登記の届出を行ったときに設立となりますが、設立登記の届出を行うときに必要な書類を作成するために、これらの項目が必要となります。

定款の作成

定款とは、会社の名称や住所、資本金額などの他、会社の事業目的や発行する株式の総数、取締役の数や構成などを定めた、会社の骨格・土台ともいうべきものです。ちなみに、会社設立のときに最初に作る定款のことを「原始定款」と言います。

定款には、定めておくことにより、会社を運営しやすくしたり、守ったりすることができる項目もあるので、慎重に作成するようにします。

株式会社の設立までのフロー図

①会社の基本事項の検討等

↓

- 商号、事業目的、本店所在地、資本金、発起人などの決定
- 機関設計や株主構成の確認

②必要なものの準備

↓

- 各種印鑑の注文
- 発起人の印鑑証明書の用意
- 資本金を払い込む金融機関の口座

③定款の作成

↓

- 定款のひな型をベースに作成
- 「会社の基本事項の検討」の項目を反映

④定款の認証

↓

- 公証役場にて公証人の認証を受ける

⑤資本金の払い込み

↓

- 資本金を発起人の口座に払い込む

⑥登記申請

↓

- 法務局にて登記申請
- 資本金の払い込みから2週間以内に行う
- 申請した日が会社の設立日となる

⑦官公署等への届出

- 会社設立後、税務署・年金事務所等へ必要書類を提出
- 会社名義銀行口座開始手続き

定款の認証

作成した定款は、設立登記を行う前に、最寄りの公証役場で認証を受ける必要があります。公証役場とは、公正証書などを作成する役所で、公証人が定款の内容を確認します。

資本金の払い込み

定款の認証が完了したら資本金の払い込みを行います。資本金の払い込みでは、発起人の個人の金融機関の口座が必要になります。

登記申請

法人設立の設立登記は、全国にある最寄りの法務局で行います。登記が完了した時点で会社が設立されたことになります。

官公庁への届出

会社を設立したら、税務署や年金事務所などへ必要な届出を行います。

期間と費用

会社設立の手続き（定款作成から登記申請まで）は、1週間程度で終わるでしょう。登記が完了して、会社の登記事項証明書（登記簿謄本）を取得するまでには、法務局によって異なりますが、ここからさらに10日間くらいかかります。

会社を設立するのにかかる費用は、定款認証手数料5万2000円、定款印紙代4万円、謄本交付手数料2000円前後、登録免許税15万円と少なくとも25万円前後となります。

○10日前後で基本事項を決めて設立するスケジュール

設立日の希望がある場合などは、余裕をもって準備をした方がよいでしょう。混雑している公証役場だと、希望日に定款の認証ができないことがあります。

<table>
<tr><td rowspan="2">10日前まで</td><td rowspan="2">火曜日</td><td>社名決定・会社の印鑑セット発注</td></tr>
<tr><td>会社の基本事項の検討</td></tr>
<tr><td rowspan="2">9日前まで</td><td rowspan="2">水曜日</td><td>この間に定款や登記申請書の下書きを準備する</td></tr>
<tr><td>公証役場も探す</td></tr>
<tr><td>8日前まで</td><td>木曜日</td><td>会社の印鑑セット到着</td></tr>
<tr><td>7日前まで</td><td>金曜日</td><td>個人の印鑑証明書の取得</td></tr>
<tr><td>6日前まで</td><td>土曜日</td><td rowspan="2">定款の作成</td></tr>
<tr><td>5日前まで</td><td>日曜日</td></tr>
<tr><td>4日前まで</td><td>月曜日</td><td>公証人にアポイントをとり、定款のチェック依頼をする</td></tr>
<tr><td>3日前まで</td><td>火曜日</td><td>公証人から、定款の修正要望があれば修正、定款を完成させ、認証に行く日のアポイントをとる</td></tr>
<tr><td>2日前まで</td><td>水曜日</td><td>定款の認証</td></tr>
<tr><td>1日前まで</td><td>木曜日</td><td>資本金の払込・払込証明書の作成・登記申請書の作成</td></tr>
<tr><td>当日</td><td>金曜日</td><td>登記申請書の提出</td></tr>
</table>

05-02 会社の基本事項を決定

会社の枠組みを決める

まずは、会社の基本事項を決定します。これらを元に定款を作成し、登記を行っていくことになります。基本事項とは、次の項目となります。

- 商号
- 事業目的
- 本店所在地
- 資本金の額
- 発起人

また、これ以外にも、機関設計（28ページ参照）、株主構成（27ページ参照）などを決めておく必要があります。ここでは上記のそれぞれについて、簡単に解説していきます。

商号（会社の名前）

「株式会社 ○○」や「××株式会社」といった会社の名前のことを「商号」といいます。商号は定款に記載しなければならない事項です。

商号と本店の住所が同一の会社がすでに存在する場合には、その商号で会社を設立することができません。本店の住所を管轄する登記所で同一名称の会社の有無を念のため確認しておきます。調査は無料で行えます。

会社の名称は、覚えやすくて、インパクトがあって、オシャレなネーミングを希望される人も多いことでしょう。ただし、好き勝手に商号を決めることはできません。次の注意点に気を付けて会社の命・顔とでもいうべき会社名を考えてください。

次に、商号を決めるときの注意点をまとめました。

① 会社名のどこかに「株式会社」の文字を入れる。

「○○株式会社」もしくは「株式会社○○」のように、会社の名前の前か後に「株式会社」の文字を入れます。ちなみに、「株式会社」の文字の位置から、一般的に前者を「アトカブ」、後者を「マエカブ」と読んだりします。

② 商号には、ひらがな、カタカナ、漢字のほか、アルファベット（大文字・小文字）、アラビヤ数字や一部の記号を使うことができる

使える記号

&	アンパサンド	-	ハイフン
’	アポストロフィー	.	ピリオド
,	コンマ	・	中点

ギリシア文字や「@」（アットマーク）などは使うことができません。なお、ローマ字と日本文字を組み合わせた商号は登記可能です。

よい例と悪い例

○	株式会社タイガーZ	×	株式会社スターダスト☆ （使えない記号はダメ）
○	Office・やまだ太郎株式会社	×	小林工業K.K （株式会社をつけなければダメ）
○	株式会社アルファ2013	×	株式会社α2013 （ギリシア文字はダメ）

③ 類似商号に気をつける

現行の会社法では、同一の本店所在地に同じ商号の会社がない限り、登記を行うことができます。だからといって、誰もが知っている有名企業の名称や商標登録されているような名称を使用することは避けるようにします。会社法では、「不正の目的をもって、他の会社であると誤認されるおそれのある名称又は商号を使用してはならない」としています。

④ 会社の一部門を表すような単語は使用できない

商号の中に「○○支店」や「○○事業部」など、会社の一部を表す文字は使用できません。

⑤ 法律で使用が禁止されているような文字は使用できない

一部の許認可が必要となる業種によっては、その業種を表す単語を、許認可を得ていない会社の商号に使用することを禁止しているケースがあります。

例えば、銀行業務を行わない会社に「銀行」という文字を含む商号は付けられません。同様に、信託業務を行わない会社に「信託」という文字含む商号を付けることはできません。また、公序良俗に反する文字の使用も認められていません。

事業目的を決める

事業目的とは、会社で行う事業をリストアップしたものです。起業時に行っている事業のほかに、将来やってみたい事業を追加しておくことも可能です。

事業目的は、定款に記載しなければならない事項であり、定款に記されていない事業を行うことはできません。なお、定款を修正するときには再度登記が必要になるなどコストが発生するので、将来やってみたい事業も加えておくのが一般的です。

また、目的の最後に「前各号に付帯又は関連する一切の事業」と入れておくと、主たる事業の周辺の業務もカバーできるので、この文は必ず入れておくようにします。

事業を開始するにあたって、官公庁等の許認可等が必要な場合には、定款に定める目的に問題がないかどうかを当該官公庁等に事前に問い合わせください。登記申請が受理された場合であっても、許認可等の関係で問題とされる場合がありうるので注意が必要です。

> 第２条　当会社は，次の事業を行うことを目的とする。
> (1) Webサイトの運営および管理
> (2) 古物の買い取りおよび販売業務
> (3) 前各号に附帯又は関連する一切の事業

定款に記載される事業目的の例

事業目的のサンプル

Webサイトの運営および管理
インターネットビジネスに関するコンサルティング業務
グラフィックデザイン業
ゲーム・アプリケーションの企画、制作、販売
飲食店業
カフェ・レストラン・バーの経営
衣料品の販売
古物の買い取りおよび販売業務
通信販売業
建築工事業
建物リフォーム、メンテナンス業務
建設請負業
技術翻訳業
フラワーアレンジメント教室の運営
経営コンサルタント業
農業の経営
デザイン業

不動産貸付業
宅地建物取引業
警備請負業務
不動産コンサルタント業
生命保険募集業
損害保険代理業務
投資顧問業
ファイナンシャルプランニング業
介護保険法に基づく指定介護予防支援事業
介護保険法に基づく訪問入浴介護事業
健康・美容サロンの経営
研修、セミナー、講演の実施
人材派遣業務
広告代理業
旅行代理店業
イベントの企画、運営
アパレル事業

本店所在地を決める

本店所在地は、「事業を行う拠点」とすることが一般的ですが、自宅や実家を本店所在地にすることも可能です。

定款で、会社の本店所在地を記載しなければなりませんが、その方法には次の2種類があります。

① 最少行政区画で記す方法　例：「東京都千代田区に置く」

② 町名・番地まで記す方法　例：「東京都千代田区○○町 1-2-3 に置く」

資本金の金額を決める

資本金とは、「設立に際して出資される財産の価額またはその最低額」のことで、簡単に言うと、これから事業を行うための元手となる資金のことです。資本金の額は、定款に記載しなければなりません。

株式会社の場合、1円でも資本金として会社を作ることができますが、許認可事業を行う場合は、資本金の制限などがある場合もあるため、注意しておく必要があります。

また、会社設立時に消費税の免税の恩恵を受けたい場合は、資本金を1000万円以下にする必要があります（73ページ参照）。

資本金は1円でも制度上は会社を作ることができます。しかし、本当にそれで良いかどうかは別の問題です。

まず、新規の顧客と取引をするときに、あなたの会社の資本金が1円だったとしたら信用してもらえるでしょうか。金融機関に融資の申し込みをするときに、1円の資本金ですんなりと融資を受けられるでしょうか。人を雇おうとしたときに、求職者から資本金が1円の会社に入っても大丈夫かと怪しまれないでしょうか……。

資本金はいろいろな相手から信頼されるだけの大きさにしておかなければなりません。「そんなこと言われてもお金がない」と思うかもしれませんが、商売をする上で、元手が心もとないと先は危ういのです。ある程度の資本金が自力で確保できるようになるまで待ちましょう。

発起人を決める

発起人とは、会社の設立の企画者として定款に署名または記名押印（電子署名を含む）をした者をいいます。発起人は、1名以上であれば何名でもよく、社長となるべき人（つまり自分）のみでもよければ、家族や友人など複数であっても構いません。ただし、発起人は少なくとも1株の株式を引き受けなければなりません。

定款には、発起人の名称、住所、引き受けた株式数を記載します。

定款の認証を受ける際に、発起人全員の実印と印鑑証明書が必要になるため、印鑑証明書を居住する市区町村で発行してもらっておく必要があります。

Column

法人登記ができるシェアオフィスを本店にするのはOK?

自宅を事業所にできない・したくない、オフィスを構えるにはコストがかかり過ぎるという人のために、複数の会社が 1 つのオフィスを共有するシェアオフィスが流行っています。法人登記の際に本店所在地として利用できることをウリにしているシェアオフィスも見受けられます。自宅や実家が賃貸で法人の使用ができず、登記ができないなどやむを得ない事情がある場合に、シェアオフィスを活用してもよいでしょう。ただし、運営会社が廃業するなどのリスクがあるかもしれないことをお忘れなく。

05-03 会社の設立に必要なもの

作成する書類以外に用意するもの

会社を設立する際には、時々のステップに応じてさまざまな書類を作成する必要がありますが、それ以外にも、作成を依頼したり、取り寄せたりしなければならないものがあります。

- 会社の印鑑セット
- 発起人の実印と印鑑証明証
- 発起人名義の金融機関口座

会社の印鑑セットを作ろう

設立登記の際には会社の実印が必要となります。また、金融機関と取引をする場合には、別途に銀行印を作成しておく方が便利です。また、会社の見積書や請求書には角印を押印します。

これらの、日常使用する会社の印鑑である、実印、銀行印、角印は「会社の印鑑セット」のような形で発注することができます。ネット通販などを利用すれば早くて安く入手可能です。

会社の印鑑セットサンプル

実印　　銀行印　　角印

実印

会社が本店所在地の法務局に届出している印鑑で、代表者印ともいいます。実印は会社の代表権を行使するときに必要な印鑑です。契約書や、公正文書の作成などといった重要な取引に使用されます。実印であることを証明するために法務局で印鑑証明証を取り、書類に添付したりもします。とても大切な印鑑ですので、厳重な管理が必要です。

銀行印

銀行などの金融機関に届けて使用する印鑑のことをいいます。会社の金銭を動かすことができるため、実印と同様に保管には厳重な注意が必要です。

角印

会社が請求書や領収証、見積書に押印する会社の認印のことをいいます。印の形が四角いので角印と呼ばれます。

発起人の実印と印鑑証明証

定款には発起人個人の実印を押印します。また、公証役場と法務局に印鑑証明書を提出するので、発起人の実印の印鑑証明書２通を用意してください。印鑑証明書は、３カ月以内に取得したものを用います。古い印鑑証明書は使えないので気を付けてください。

発起人名義の金融機関口座

資本金の振込を発起人名義の個人口座にします。振込があったことを通帳コピーで証明します。

05-04 定款を作成する

定款とは

定款とは、会社の組織や運営方法など会社の基本的な仕組みとルールを定めたもので、「会社の骨格・土台」ともいえるものです。定款に記載しなければならない事項は、会社法によって定められていて、次の3つに分けることができます。

絶対的記載事項	記載がないと定款そのものが無効となる項目
相対的記載事項	必ずしも定款に定めておく必要はないが、記載があれば効力が認められる項目
任意的記載事項	定款に記載しなくてもよいが、記載することで会社の決まりとして効力を明確にできる項目

基本的な事項が決定したら、定款を作成します。定款を作成するには、自分で作成する方法、専門家に依頼する方法などがあります。

定款は公証人に認証してもらうことによってはじめて有効になります。

定款の作成

定款の書式は法務省や日本公証人連合会のホームページからダウンロード可能です。定款の作成は、司法書士などの専門家に依頼するか、上記のホームページから作成の手順が掲載されているので、自分で作成することもできます。

- 法務省の定款サンプルのページ
  http://www.moj.go.jp/ONLINE/COMMERCE/11-1.html

- 日本公証人連合会の定款サンプルのページ
  http://www.koshonin.gr.jp/ti.html

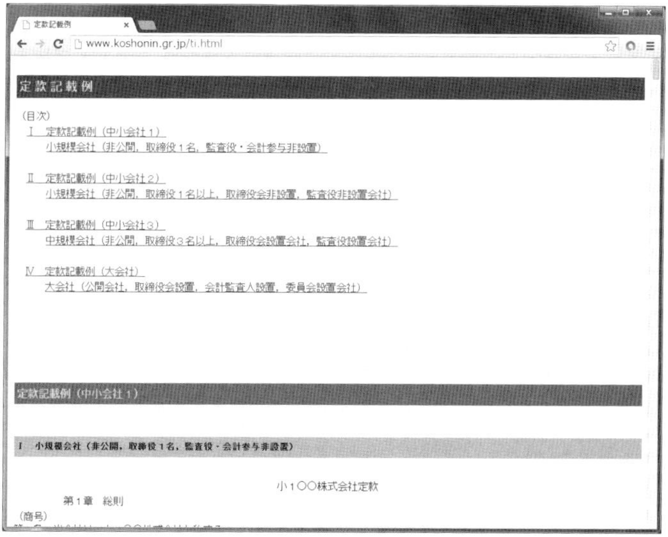

すぐに会社を作りたい場合は、専門家に頼んだ方が定款作成・認証・設立登記までスピーディーに行えるので時間を短縮でき、本来の仕事に集中できる分、安く感じるはずです。

1) 絶対的記載事項

右ページの表にある定款の絶対的記載事項の①〜⑤までは、216ページの「基本事項を検討しよう」で決定したものと同じです。これに、⑥の発行可能株式総数を決定しましょう。これで、絶対的記載事項は確定です。

2) 相対的記載事項

右ページの表にある定款の相対的記載事項のうち、①株式の譲渡制限を設けるかどうかによって、記載する事項が変わってきます（株式の譲渡制限については101ページ参照）。

会社を使い勝手の良いものにするには、株式の譲渡制限を設け、機関設計を株主総会と取締役のパターンで設定したほうがよいでしょう（会社の機関設計については28ページ参照）。

⑥の役員の任期は、最大10年まで定めることができるので、自分の事情に合った年数を設定してください。

3) 任意的記載事項

右ページの表の①の事業年度は、1年以内であれば任意に設定が可能です。ただし、消費税の免税の恩恵を2期に渡って受けたい人は、第1期の事業年度の月数に注意をします（消費税については73ページ参照）。

定款の作成については、司法書士や公証人と相談しながら慎重に行ってください。

絶対的記載事項

① 商号…会社の名前です。
② 目的…これから行う事業、将来的に行うかもしれない事業などを記載します。
③ 本店所在地…会社を置く住所のことです。
④ 設立に際して出資される財産の価額またはその最低額…いわゆる資本金です。
⑤ 発起人の氏名または名称及び住所…発起人(ご自身)の氏名、住所を記載します。
⑥ 発行可能株式総数…将来に渡って発行が可能な株式の総数のことです。

相対的記載事項(主なもの)

① 株式の譲渡制限…すべての株式の譲渡について株式会社の承認を必要とすることを定めることができます。
② 異なる種類の株式…権利の内容の異なる株式の発行を定めることができます。
③ 相続人等に対する売渡の請求…譲渡制限株式を相続によって取得した者に対し、株式会社に売り渡すよう請求することができる旨を定めることができます。
④ 取締役会、会計参与、監査役等の設置…定款に定めれば置くことができます。
⑤ 取締役、監査役を株主に定める定め…公開会社でない株式会社は、株主に取締役や監査役を限定することができます。
⑥ 役員の任期…最大 10 年まで定めることができます。
⑦ 基準日…基準日を定めたときは 2 週間前までに当該基準日及び株主が行使することができる権利の内容を公告しなければなりませんが、定款に基準日と当該事項の定めがあれば、公告は不要となります。

任意的記載事項(例)

① 事業年度…1 年以内で、任意に 1 事業年度を決めることができます。
② 取締役、監査役の員数…取締役や監査役の員数を記述することができます。

日本公証人連合会HPより

定款のサンプル

○○株式会社定款

第１章　総則

（商号）
第１条　当会社は，○○株式会社と称する。
（目的）
第２条　当会社は，次の事業を行うことを目的とする。
（1）○○の製造及び販売
（2）××の輸入及び販売
（3）前各号に附帯又は関連する一切の事業
（本店所在地）
第３条　当会社は，本店を東京都○○区に置く。
（公告方法）
第４条　当会社の公告は，官報に掲載する方法により行う。

第２章　株式

（発行可能株式総数）
第５条　当会社の発行可能株式総数は，100株とする。
（株券の不発行）
第６条　当会社の発行する株式については，株券を発行しない。
（株式の譲渡制限）
第７条　当会社の発行する株式の譲渡による取得については，取締役の承認を受けなければならない。ただし，当会社の株主に譲渡する場合は，承認をしたものとみなす。
（基準日）
第８条　当会社は，毎年３月末日の最終の株主名簿に記載又は記録された議決権を有する株主をもって，その事業年度に関する定時株主総会において権利を行使することができる株主とする。

2　前項のほか，必要があるときは，あらかじめ公告して，一定の日の最終の株主名簿に記載又は記録されている株主又は登録株式質権者をもって，その権利を行使することができる株主又は登録株式質権者とすることができる。

（株主の住所等の届出）

第9条　当会社の株主及び登録株式質権者又はそれらの法定代理人は，当会社所定の書式により，住所，氏名及び印鑑を当会社に届け出なければならない。

2　前項の届出事項を変更したときも同様とする。

第3章　株主総会

（招集時期）

第10条　当会社の定時株主総会は，毎事業年度の終了後3か月以内に招集し，臨時株主総会は，必要がある場合に招集する。

（招集権者）

第11条　株主総会は，法令に別段の定めがある場合を除き，取締役が招集する。

（招集通知）

第12条　株主総会の招集通知は，当該株主総会で議決権を行使することができる株主に対し，会日の5日前までに発する。

（株主総会の議長）

第13条　株主総会の議長は，取締役がこれに当たる。

2　取締役に事故があるときは，当該株主総会で議長を選出する。

（株主総会の決議）

第14条　株主総会の決議は，法令又は定款に別段の定めがある場合を除き，出席した議決権を行使することができる株主の議決権の過半数をもって行う。

（議事録）

第15条　株主総会の議事については，開催日時，場所，出席した役員並びに議事の経過の要領及びその結果その他法務省令で定める事項を記載又は記録した議事録を作成し，議長及び出席した取締役がこれに署名若しくは記名押印又は電子署名をし，株主総会の日から10年間本店に備え置く。

第4章　取締役

（取締役の員数）

第16条　当会社の取締役は，1名とする。

（取締役の資格）

第17条　取締役は，当会社の株主の中から選任する。ただし，必要があるときは，株主以外の者から選任することを妨げない。

（取締役の選任）

第18条　取締役は，株主総会において，議決権を行使することができる株主の議決権の3分の1以上を有する株主が出席し，その議決権の過半数の決議によって選任する。

（取締役の任期）

第19条　取締役の任期は，選任後5年以内に終了する事業年度のうち最終のものに関する定時株主総会の終結時までとする。

第5章　計算

（事業年度）

第20条　当会社の事業年度は，毎年4月1日から翌年3月末日までの年1期とする。

（剰余金の配当）

第21条　剰余金の配当は，毎事業年度末日現在の最終の株主名簿に記載又は記録された株主又は登録株式質権者に対して行う。

（配当の除斥期間）

第22条　剰余金の配当が，その支払の提供の日から3年を経過しても受領されないときは,当会社は,その支払義務を免れるものとする。

第6章　附則

（設立に際して出資される財産の価額及び成立後の資本金の額）

第23条　当会社の設立に際して出資される財産の価額は,金100万円とする。

2　当会社の成立後の資本金の額は,金100万円とする。

（最初の事業年度）

第24条　当会社の最初の事業年度は,当会社成立の日から平成○○年3月末日までとする。

（設立時取締役等）

第25条　当会社の設立時取締役は,次のとおりである。

設立時取締役　○○○○

（発起人の氏名ほか）

第26条　発起人の氏名,住所及び設立に際して割当てを受ける株式数並びに株式と引換えに払い込む金銭の額は,次のとおりである。

東京都○○区○町○丁目○番○号

発起人　○○○○　10株　金100万円

（法令の準拠）

第27条　この定款に規定のない事項は,すべて会社法その他の法令に従う。

以上,○○株式会社設立のためこの定款を作成し,発起人が次に記名押印する。

平成○○年○○月○○日

発起人　○○○○　（印）

05-05 定款の認証を受ける

定款は作成しただけでは、その効力を発揮できません。公証役場に行って、定款の認証を受けましょう。公証役場は全国各地にあるので、最寄りの役場（会社の本店所在地と同一の都道府県にある公証役場）で定款認証を受けたい旨を伝え、公証人にアポイントメントを取って手続きをしてください。

定款認証には1件あたり5万円の手数料がかかります。その他にも謄本代などの手数料が数千円かかりますが、これらにかかった手数料は創立費として会社の経費にできます。

公証役場に出向く際には、定款3通、発起人全員の印鑑証明書、発起人の実印（代理人に委任する場合は代理人の実印）、認証に必要な費用を忘れずに用意します。

持参した3通の定款のうち1通は公証人役場で保管され、2通は法務局提出用と会社保管用として手許に戻ってきます。なお、最初に作った定款を「原始定款」と呼びます。万が一、会社保管用の原始定款を紛失しても、定款認証から20年以内は公証役場で保管されているので、請求をすれば閲覧をしたり、謄本を取得することができます。

最寄りの公証役場は日本公証人連合会のWebページの「公証役場所在地一覧」から調べることができる（http://www.koshonin.gr.jp/index2.html）。

05-06 資本金の払い込み

資本金を払い込む口座を用意する

公証役場で公証人から定款の認証を受けたら、資本金を払い込みます。資本金の払い込みには金融機関（銀行・信用金庫・信用組合・農協・ゆうちょ銀行）の口座が必要になります。

会社の設立前の段階なので、会社名義の口座はまだないため、資本金を払い込む口座は発起人の代表者（発起人が１名の場合は発起人）の個人口座になります。新たに個人口座を開設する必要はないので、現在使用している銀行口座を使います。ただし、後から通帳をコピーする必要があるため、預金通帳のないタイプの口座は使えません。

資本金を払い込む

自分の口座のある金融機関へ出向いて、発起人の名義（つまり、自分の名前）で資本金の金額を「振り込み」ます。発起人が複数いる場合、それぞれ振り込みしてもらってもよいですし、代表者がまとめて振り込みをしても構いません。

注意をしなければならないことは、自分の口座だからといって、「振り込み」ではなく「入金」をしてしまうことです。重要なのは、発起人の名義が通帳記入から明らかになることなので、必ず「振り込み」をするようにしてください。

また「振込日」にも気をつけなければなりません。定款の認証を受ける前に振り込みをしてはいけません。

ソシム太郎名義個人口座

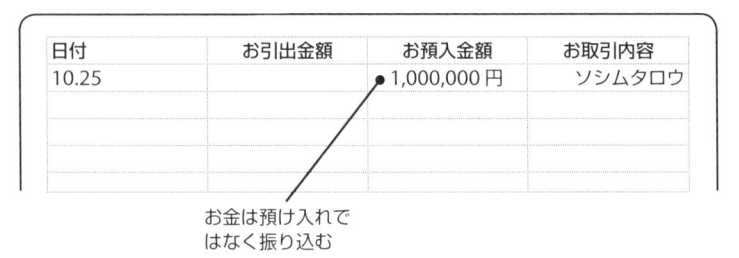

日付	お引出金額	お預入金額	お取引内容
10.25		1,000,000 円	ソシムタロウ

お金は預け入れではなく振り込む

通帳のコピーを取る

振込日、振込人、振込金額を確認して間違いがなければ、通帳のコピーを取りましょう。コピーを取るところは、通帳の表紙、通帳の表紙裏の氏名や口座番号が記されているページ、振込が記帳されているページです。

払込証明書を作る

発起人から資本金が振り込まれたという証明書を作成します。右ページサンプルを掲載したので、こちらを参考にしてみてください。

タイトルは、「証明書」「払込証明書」「払込を証する書面」など、わかりやすいものにします。

「当会社の設立時発行株式については以下のとおり、全額の払込みがあったことを証明します。」と説明をして、「設立時発行株式数」「払込を受けた金額」「1 株の払込金額」を明記します。

「日付」「会社名」「設立時代表取締役の名前」を記載し、会社の代表社印を押印し、空きスペースに捨印を押します。捨印とは、欄外に押す訂正印のことで、該当するページにこれがあると何度でも訂正が可能になります。万が一に備え、捨印を押しておきます。

証明書の文面を表紙にして、通帳表紙のコピー、表紙裏のコピー、資本金の振込が確認できるページのコピーの順番にホチキス止めをし、ページのつなぎ目に割印をします。

これで証明書は完成です。

払込証明書サンプル

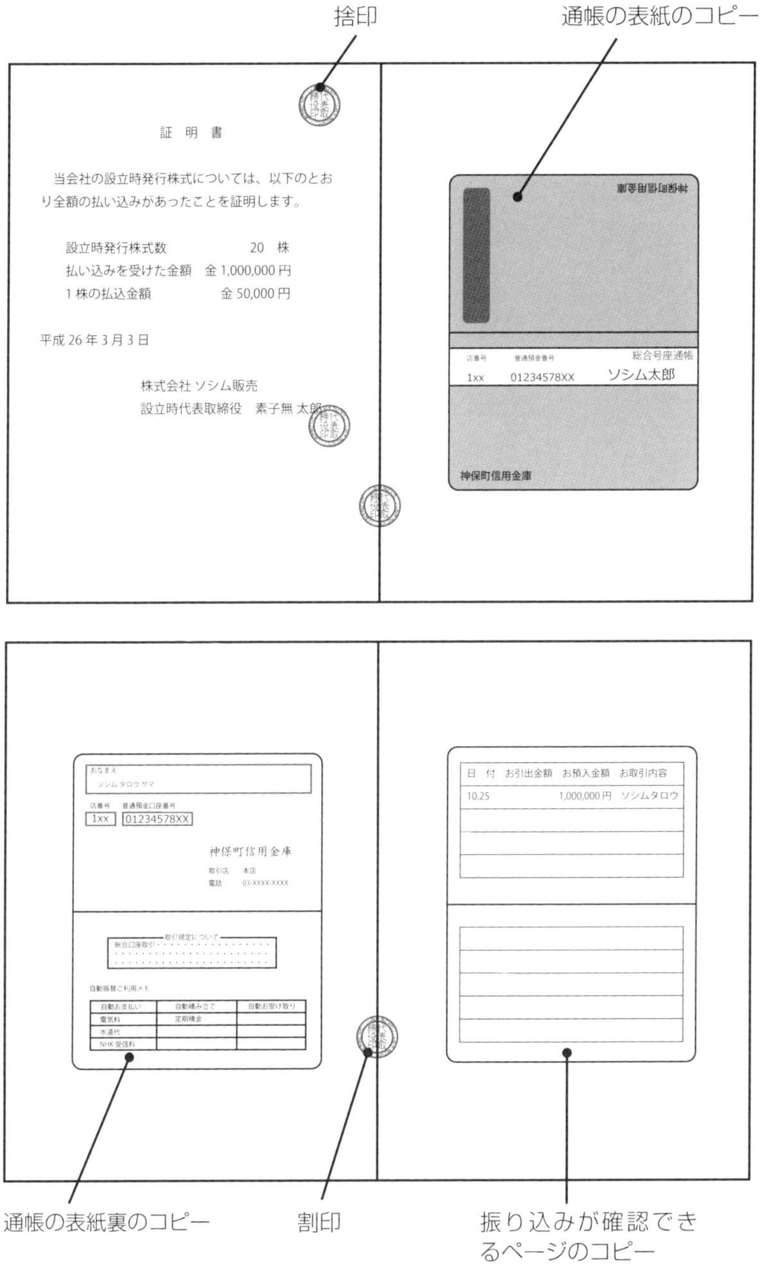

捨印
通帳の表紙のコピー
証 明 書
当会社の設立時発行株式については、以下のとおり全額の払い込みがあったことを証明します。
設立時発行株式数 20 株
払い込みを受けた金額 金 1,000,000 円
1 株の払込金額 金 50,000 円
平成 26 年 3 月 3 日
株式会社 ソシム販売
設立時代表取締役 素子無 太郎
神保町信用金庫
店番号 普通預金番号 総合号座通帳
1xx 01234578XX ソシム太郎
神保町信用金庫
おなまえ
ソシム タロウ サマ
店番号 普通預金口座番号
1xx 01234578XX
神保町信用金庫
取引店 本店
電話 03-XXXX-XXXX
取引規定について
自動振替ご利用メモ
自動お支払い 自動積み立て 自動お受け取り
電気料 定期積金
水道代
NHK 受信料
日 付 お引出金額 お預入金額 お取引内容
10.25 1,000,000 円 ソシムタロウ
通帳の表紙裏のコピー
割印
振り込みが確認できるページのコピー

05-07 登記申請を行う

登記申請の概要

定款の認証を受けて、資本金の払い込みが済んだら、登記申請をしましょう。登記申請は資本金の払い込み日から2週間以内に行います。自分で登記する場合は余裕をもって書類の準備をしましょう。

登記は、本店所在地の最寄りの法務局で行うことができます。

なお、最寄りの法務局は法務局のWebページで確認することができます。

法務局のWebページ

http://houmukyoku.moj.go.jp/homu/static/

登記申請に必要なもの

法務局で登記申請を行う時に必要なものは、次の通りです。

- 株式会社設立登記申請書
- 登録免許税納付用台紙（割印していない収入印紙を貼り付けたもの）
- 定款
- 払い込みがあったことを証する書面
- 設立時取締役選任及び本店所在地場所決議書（定款で定めていなかった場合）
- 設立時代表取締役を選定したことを証する書（定款で定めていなかった場合）
- 設立時取締役，設立時代表取締役の就任承諾書（発起人以外が役員になる場合）
- 代表取締役の印鑑証明書

株式会社設立登記申請書を作成する

法務省のホームページには株式会社設立登記申請書のテンプレートと記載の仕方が掲載されています。

法務省の商業・法人登記申請のWebページ

http://www.moj.go.jp/ONLINE/COMMERCE/11-1.html

一番簡単な、「取締役会を設置しない発起設立」の例を見てみましょう。

株式会社設立登記申請書

1. 商　号　　株式会社ソシム販売
1. 本　店　　○県○市○町○丁目○番○号
1. 登記の事由　　平成○年○月○日発起設立の手続終了
1. 登記すべき事項　　別添CD-R(又はFD)のとおり
1. 課税標準金額　　金　○○○万円
1. 登録免許税　　金　○○○○円
1. 添付書類(必要に応じて適宜加除します)

定款	1通
発起人の同意書は定款の記載を援用する。	
設立時取締役選任及び本店所在地場所決議書	1通
設立時代表取締役を選定したことを証する書	1通
設立時取締役,設立時代表取締役の就任承諾書	通
印鑑証明書	通
払込みを証する書面	1通
委任状	1通

上記のとおり登記の申請をします。

平成○年○月○日

登記すべき事項を作成する

登記すべき事項は、テキストファイルに入力をして、CD-Rに焼いて登記申請書と一緒に提出をします。入力方法や記載例は、法務省のホームページで参照することができます。

法務省の登記事項の作成例一覧のWebページ

http://www.moj.go.jp/MINJI/MINJI50/minji50-01.html

テキストの記入例です。

「商号」株式会社ソシム販売
「本店」○県○市○町○丁目○番○号
「公告をする方法」定款どおり
「目的」
1　○○の製造販売
2　○○の売買
3　前各号に附帯する一切の事業
「発行可能株式総数」○○株
「発行済株式の総数」○○株
「資本金の額」金○○○万円
「株式の譲渡制限に関する規定」定款どおり
「役員に関する事項」
「資格」取締役
「氏名」素子無花子
「資格」代表取締役
「住所」○県○市○町○丁目○番○号
「氏名」素子無太郎
「登記記録に関する事項」設立

ご自身の会社のパターンに応じて加除してください。

収入印紙を購入する

株式会社設立登記にかかる登録免許税は、資本金の額に1000分の7を乗じた金額ですが、15万円に満たない時は一律で15万円になります。登録免許税は収入印紙で納めます。印紙貼用台紙に、登録免許税分の収入印紙を貼ります。貼った収入印紙は、法務局で確認をしてから割印してくれるので、自分で割印はしないで下さい。

収入印紙は登記申請時に法務局の中にある販売所で購入するとよいでしょう。窓口の人が用途を聞いてくれるので購入すべき収入印紙の金額を間違える可能性が低くなります。

印鑑届書も一緒に提出しよう

「印鑑届書」とは、会社の実印を法務局に届け出るための書式です。設立登記申請の添付書類ではありませんが、通常は登記申請時に同時に提出します。印鑑届書は、前述の法務局のホームページの中にテンプレートと記載例が掲載されているので、活用されるよいでしょう。

届ける会社の実印と、個人の実印が必要になります。

申請書提出日が会社の誕生日!

登記申請書、別添のCD-R、各種添付書類、登録免許税、印鑑届出書を所轄の法務局に提出した日が、会社の設立日になります。

提出した書類にちょっとした不備があると法務局から問い合わせがあり、確認をしたり補正をしたりしますが、設立日は届出をした日となります。それから10日前後で登記が完了し、登記事項証明書いわゆる登記簿謄本が取得できます。

印鑑カードも一緒に作ってもらおう

法務局で登記完了の確認ができたら、印鑑カードも作ります。印鑑カードは、会社の印鑑証明書を取得するときに必要になります。「印鑑カード交付申請書」を提出すると、すぐに発行してもらえます。法務局の前掲のホームページからもこの書式はダウンロードができます。費用は無料です。申請書の記載例を参考にしてください。実印を押印するので、実印をお忘れなく。

印鑑カードサンプル

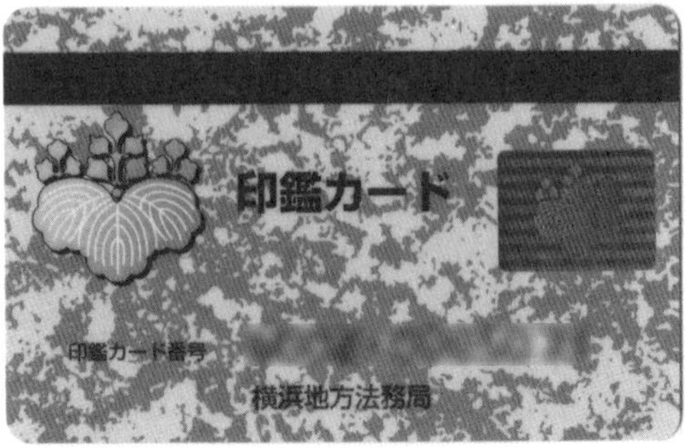

Column 電子定款にすると印紙代4万円が浮くけれど

「電子定款にすると印紙代がたタダ」という宣伝文句を聞いたことがあるかもしれません。ただ、ご自身でこれをトライするとなると結構なハードルがあります。住基カードを取得し、公的個人認証サービスの電子証明書を取得し、ICカードリーダライタを購入し…、と結局は印紙代と同等のコストと時間がかかります。ただし専門家に依頼した場合は、この限りではありません。

05-08 官公署等への届け出

官公署等に届け出をしよう

登記が完了したら登記事項証明書と印鑑証明書を少し多めに取得しておきます。登記事項証明書は最低5～6通取得しておくと安心です。印鑑証明書は、1～2通あればよいでしょう。登記事項証明書は「履歴事項全部証明書」を選択して取得するようにします。これらの書類をもって、官公署等に各種届け出をします。そして、メインバンクを決めて、法人口座を開設します。

1. 税務署に提出する書類

- 法人設立届出書

　添付書類・定款の写し
　　　　　・履歴事項全部証明書
　　　　　・株主名簿
　　　　　・設立時の貸借対照表
　　　　　・事業概況書　　等

- 青色申告の承認申請書
- 給与支払事務所等の開設届出書
- 源泉所得税の納期の特例の承認に関する申請書

2. 地方公共団体に提出する書類

都税事務所…事業開始等申告書

道府県税事務所・市町村役場…法人設立届出書

　添付書類・定款の写し
　　　　　・履歴事項全部証明書

3. 日本年金機構に提出する書類

- 新規適用届
- 新規適用事業所現況書
- 被保険者資格届

- 被扶養者異動届
  添付書類・履歴事項全部証明書
  　　　　・保険料口座振替依頼書　等

4. 労働基準監督署に提出する書類

- 適用事業報告
- 労働保険 保険関係成立届
- 労働保険概算・確定保険料申告書
  添付書類・履歴事項全部証明書　等

5. 公共職業安定所に提出する書類

- 雇用保険適用事業所設置届
- 雇用保険被保険者資格届
  添付書類・履歴事項全部証明書
  　　　　・労働保険 保険関係成立届のコピー　等

6. メインバンク開設の際に必要になる書類

法人名義の口座を開設しましょう。最近は口座を悪用した事件が多発しているため、新規の口座の開設については金融機関のチェックが厳しくなっているようです。手続きをしてすぐに口座が使えるとは限りらないため、気を付けてください。取引をしたい金融機関のホームページで新規口座の扱いについてあらかじめ確認しておくことが肝要です。

また必要になる書類も金融機関によって異なるので注意してください。

必要となる書類

- **履歴事項全部証明書**
- **法人の印鑑証明書**
- **定款の写しや法人設立届出書の写し等**

さあ、あなたはこれで、名実ともに社長です。社長の肩書に恥じぬよう頑張りましょう!

05-09 会社を設立した場合の社会保険・労働保険の事務手続き

会社を設立して、従業員等を雇用した場合、社会保険・労働保険に加入することになります。加入の手続きを行って初めて社会保険・労働保険の適用を受けることができます。

初めて従業員を雇用したときに必要な会社の手続き

従業員を雇用するに至ったときに必要なのが、会社が社会保険・労働保険の適用を受けるための手続きです。手続きが認可された会社は「適用事業所」となります。

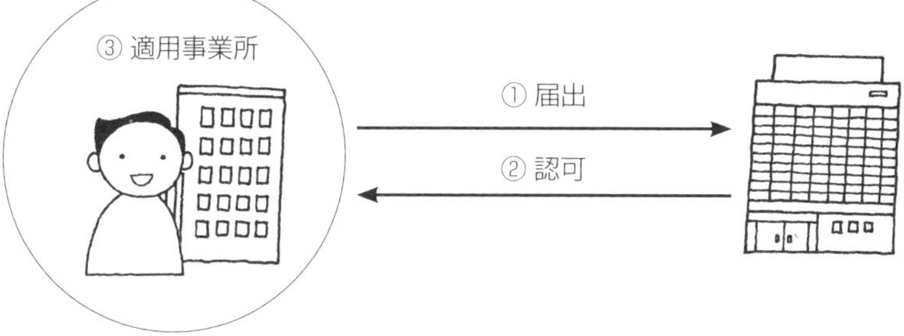

社会保険には毎年必要な手続きがある（「算定基礎」手続き）

社会保険の適用事業所になると毎年７月に行わなければならない手続きがあります。この手続きは、「算定基礎」と言われ、毎年４月・５月・６月の給与額をベースに社会保険料の見直しを行います。

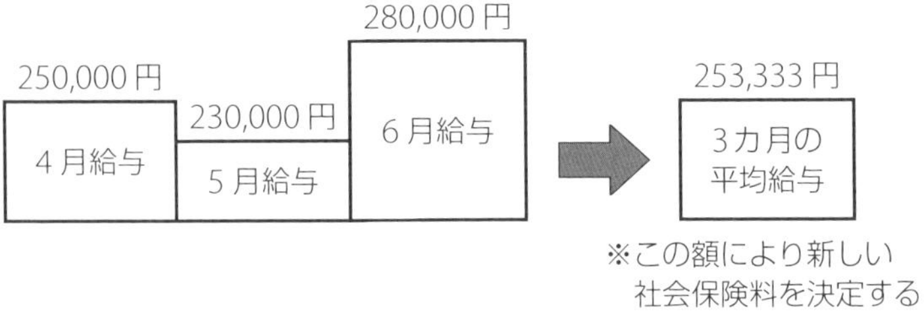

労働保険には毎年必要な手続きがある（「年度更新」手続き）

労働保険の適用事業所になると労災保険料と雇用保険料の概算確定の申告が必要となり、これを労働保険の年度更新といいます。

前年度（前年4月から3月）の支払済みの（確定）賃金総額を基に今年度の保険料を概算払いします。

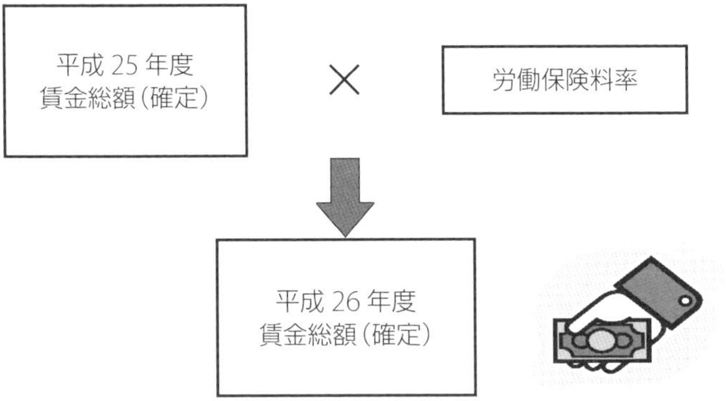

※概算で労働保険料を支払う

会社の所在地や名称、代表者に変更があった場合も手続きが必要

会社の所在地や名称など、会社情報に変更があった場合も各種手続きが必要となります。手続きの際には変更の確認として添付資料が必要な場合もあるため、あらかじめ添付資料等を用意する必要があります。

会社情報の変更の主な手続き

変更項目	必要な書類
所在地や名称の変更	登記簿謄本、賃貸借契約書
代表者の変更	登記簿謄本

05-10 従業員を雇用した場合の事務手続き

社員やパート、アルバイトを雇用した場合、社会保険・労働保険に加入することになります。パートやアルバイトは、週労働時間が一定以上であることなどが加入要件となるため、加入できるかどうかを確認しておく必要があります。

社会保険・労働保険の加入要件

パートやアルバイトには、社会保険・労働保険それぞれに加入要件が設けられています。その要件を満たさない場合は、加入できません。

社会保険	労働保険
①社員の1日の労働時間の約4分の3以上の労働時間 ②社員の1週間の労働時間の約4分の3以上の労働時間	①30日以上雇用する見込みがある ②週20時間以上の労働時間

なお、入社時に試用期間を設けている会社がありますが、社会保険や労働保険の加入は、試用期間満了後ではなく、実際に入社した日に加入することになります。

従業員を雇用したときに必要な社会保険の手続き

社会保険加入要件を満たす従業員を雇用した場合、社会保険の「資格取得」手続きを行います。従業員に扶養する家族がいる場合は、扶養手続きも併せて行います。なお、扶養家族が配偶者の場合は、さらに国民年金第３号被保険者の手続きも必要となります。

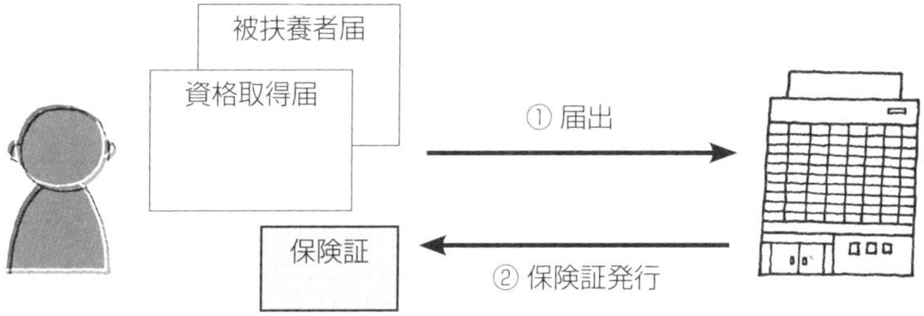

従業員を雇用したときに必要な労働保険の手続き

雇用保険加入要件を満たす従業員を雇用した場合、雇用保険の「資格取得」手続きを管轄のハローワークに行います。また、労災保険については、人ごとに加入手続きは必要がないため、従業員を雇用したときには手続き不要です。

従業員の住所や氏名、扶養家族に変更があった場合も手続きが必要

社会保険や雇用保険に加入している従業員の住所や氏名等に変更があった場合は、各種手続きが必要となります。手続きの際には変更の確認として添付資料が必要な場合もありますので、あらかじめ添付資料等を用意する必要があります。

従業員関係の主な手続き

- 住所や氏名に変更があったとき
- 被扶養者に変動があったとき
- 育児休業を開始したとき
- 健康保険証をなくしたとき

従業員が退職するときの社会保険・雇用保険の手続き

従業員が退職するときは、「資格喪失」手続きを行います。また、従業員から健康保険証を回収して、年金事務所へ返却する必要があります。

社会保険の手続きの流れ

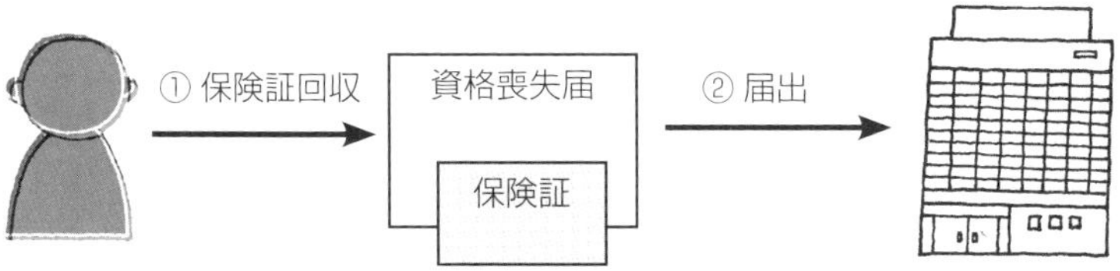

雇用保険の手続きの流れ

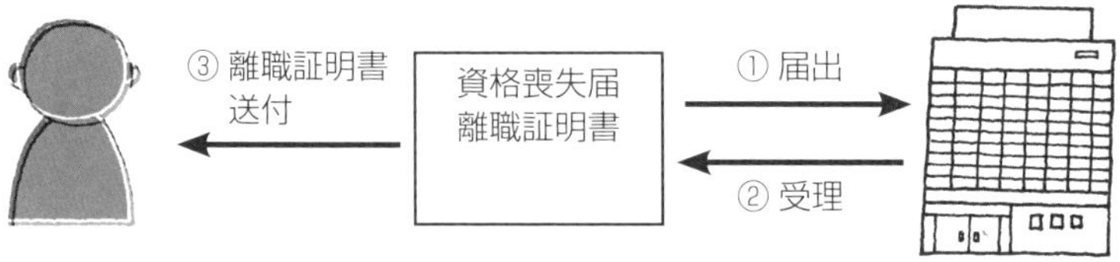

05-11 給与の支払いに関する業務の概要

会社を設立して、従業員等に給与を支払うということは、給与の計算・支払いの業務を行わなければならない。給与計算する上では、労働基準法や所得税法などの最低限の知識が必要となります。

給与計算のスケジュール

給与の支払日に振込みを完了させるためには、予め毎月のカレンダーに合わせてスケジュールを決めておきましょう。

7月　2013年

日	月	火	水	木	金	土
	1	2	3	4	5	6
7	8	9	10 所得税・住民税 支払日 雇保・労保支払日 (7月のみ)	11	12	13
14	15 海の日	16	17	18	19 給与振込日 ← ※4営業日前	20
21	22	23	24	25 給与支払日	26	27
28	29	30	31 社会保険料支払日			

給与明細書のサンプル

平成26年 4月分給与　　明細書

株式会社サンプル

氏　名　(1) 千代田一朗　様

所　属

支給日　平成26年 4月25日

受領印

勤	怠
出勤日数	21.00
欠勤日数	0.00
有休日数	1.00
特別休暇日数	0.00
税額表	甲欄
扶養人数	0

支	給
基本給	385,000
非課税通勤費	12,780
欠勤控除	0
合計	397,780

控	除
健康保険料	20,438
介護保険料	3,526
厚生年金保険	35,096
雇用保険料	1,989
所得税	10,380
住民税	0
合計	71,429

その	他
年末調整還付	0
年末調整徴収	0
合計	0
差引支給額	326,351

振込支給額	
合計	326,351
現金支給額	0
現物支給額	0

給与計算で必要な法律の知識

給与の支払いを行うため、残業代の計算や保険料や税金などを計算しなければならない。給与計算は、「総支給額」から「控除額」を差し引き、「振込支給額」の計算を行う。

給与から徴収する保険料や税金と法律

支給項目	基本給（月給・時給）	労働基準法、最低賃金法
	通勤手当	労働基準法、所得税法
	その他手当（残業代等）	労働基準法、最低賃金法
控除項目	所得税	所得税法
	住民税	住民税法
	社会保険料	健康保険法、介護保険法、厚生年金保険法
	雇用保険料	雇用保険法

給与から控除した税金等を期日内に納める

毎月の給与から控除した保険料や税金は、従業員から会社が仮で預かっているだけで、会社は従業員に代わって支払いを行わなければならない。

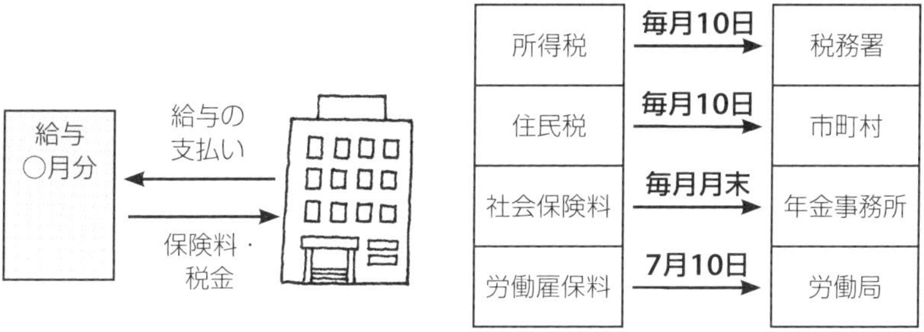

控除した保険料や税金の納付期限

保険料等	納付期限
所得税	毎月 10 日 ※1
住民税	毎月 10 日 ※1
社会保険料(健康保険料、介護保険料、厚生年金保険料)	毎月月末
労働保険(雇用保険料、労災保険料)	毎年 7 月 10 日

※1　10 人未満の会社は、届出することにより、半年に 1 度の納付期限に変更できます。

「会社を作る」ときのQ&A

ここでは会社を作るときに、よく皆さんが感じる疑問をいくつか集めて解説しています。特に会社と作る前後で「できること」と「できないこと」があるので、このあたりは注意が必要です。

Q1 事業の開始と会社の設立は同時にしなければいけませんか？

A：会社の設立と、事業の開始は同時でなくても通常は問題ありません。どちらかと言えば会社の設立を先にして、事業開始準備をするほうがノーマルかもしれませんが、お店の開店に設立登記が間に合わないこともまったく無いことではありません。

Q2 お店の開店が先で、設立登記が後の場合には、設立登記ができるまでの期間を個人で申告しなければいけませんか？

A：厳密に言えば、設立前の期間は個人事業主となりますが、当初から会社で事業をすることが決まっていて、設立登記の申請をしていた場合などは、短い期間であればそのまま会社の決算で申告できるでしょう。

明確な決まりはないのですが、それが許されるのは、せいぜい会社設立に要する2週間程度で、設立が何カ月も先になるようでは問題となるとお考えください（Q04も参照）。

Q3 今年3月10日から、すぐに個人の業務を引き継いで会社での事業を始めましたが、確定申告は前年分で終わりにして良いですが？

A：今年の1月1日から3月10日までの申告が来年の確定申告時期に必要です。

Q4 オフィスを借りようと思っていますが、会社の設立前なので、個人契約になってしまいますが、どうしたらよいでしょうか。

A：個人名義で賃貸借契約をする場合には、近日中に会社設立の予定があることを伝えて、設立後の名義書換を約束してから契約をするようにします。なお、そうしていても名義書換費用を要求される場合もあるかもしれません。

Q5 会社の実印は設立登記のときに必要ですか？

A：代表者個人の実印があればそれで足ります。会社の設立登記の後に会社の実印を作ったら、改印届けが必要になるので、一度で手続きを済ませたければ先に準備していただいた方が良いでしょう。

Q6 会社の実印を作るときに丸い代表印の他に、いわゆる角印も必要ですか？

A：角印を使う場面は、最近ではかなり限られているので、最初から準備しなくても困らないと思います。

Q7 個人事業のときに入金・出金の業務に使用していた普通預金の通帳は、会社設立をしたらすぐに解約しなければいけませんか？

A：しばらくは振込先の変更を忘れて入金があったりするので、解約せずに持っておくことをお勧めします。ただ請求書の振込先などは会社名義で新たに開設した口座に速やかに変更してください。

Q8 会社の設立登記が終わる前に名刺の準備をしたいのですが、問題がありますか？

A：設立準備をしながら名刺を印刷することは問題ありませんが、登記が終わらないうちに株式会社などの名称を使って取引を行うことには問題があります。

なお、名刺や印鑑の制作をするお店などでは、不正使用防止の見地から、会社が実在しなければ名刺などの制作を受けず、定款の写しや登記申請の控えなどの提示を求められる場合もあります。

■著者プロフィール

大場　智子（おおば　ともこ）

税理士・行政書士

横浜国立大学大学院経営学研究科修了後、公認会計士事務所において税理士補助業務、外資系企業において経理・人事業務に従事する。現在は税理士事務所・行政書士事務所を開業する傍ら、文教大学経営学部・城西大学経済学部において兼任講師として教鞭を取る。

主な著書

「税務・経理・人事ハンドブック」共著 C&R研究所
「弁護士のための確定申告」共著 レクシスネクシス社

主な論文

「地域活性化と税制度 －現状と課題－」

〒245-0017 横浜市泉区下飯田町1574-3
mail：tomoko_oba@ybb.ne.jp
Tel ：045-802-4343

潮田　祥子（うしおだ　しょうこ）

社会保険労務士・年金アドバイザー

税理士事務所において経理業務・税理士補助業務、社会保険労務士事務所において社労士業務に従事する。2007 年に社会保険労務士試験を合格。2010 年 4 月に社会保険労務士事務所を開業し、労務相談、就業規則等諸規程整備、人事制度構築、社会保険労働保険手続き等を中心に悩める経営者の相談役として活動している。

主な著書

「税務・経理・人事ハンドブック」共著 C&R研究所、「マンガで社労士　国民年金法」住宅新報社
「社労士過去問　一問一答」法学書院

〒104-0032 東京都中央区八丁堀4-8-7-1408
mail：info@ushioda-sr.com
Tel ：03-6228-3548

■監修者プロフィール

野澤　澄也（のざわ　すみや）

関東学院大学経済学部経営学科卒業、グロービス経営大学院卒業　経営学修士（MBA）

現職、主な経歴など

野澤会計事務所　所長・税理士、関東美容専門学校　非常勤講師、山野医療専門学校　非常勤講師、全国中小企業団体中央会　多角的連携指導強化事業委員会　委員など

主な著書

「税務・経理・人事ハンドブック」共著 C&R研究所、「成功する起業　Q&A200」共著 九天社
「勘定科目・仕訳 逆引き事典」ソーテック社、「弁護士のための確定申告」共著 レクシスネクシス社
「相続が危ない!」別冊宝島・宝島文庫 制作協力 宝島社、「有限責任事業組合設立運営マニュアル」制作協力・委員、全国中小企業団体中央会の行う多角的連携指導強化

〒140-0004 東京都品川区南品川6丁目15番25号　Z-BOX
mail：next-one@yesnozawa.com
Tel ：03-5460-8131

カバーデザイン・本文デザイン　南　貴之（4U design）
本文DTP　合同会社ビーンズ・ネットワークス

フリーランスと個人事業者が
株式会社を作るときに「ゼッタイ」読んでおく本

2014年4月3日　初版第1刷発行

著者　大場智子、潮田祥子
監修　野澤澄也
発行人　片柳 秀夫
編集人　佐藤 英一
発行　ソシム株式会社
http://www.socym.co.jp/
〒101-0064　東京都千代田区猿楽町 1-5-15 猿楽町SSビル
TEL：(03) 5217-2400（代表）
FAX：(03) 5217-2420

印刷・製本　アベイズム株式会社

定価はカバーに表示してあります。
落丁・乱丁本は弊社編集部までお送りください。送料弊社負担にてお取替えいたします。
ISBN978-4-88337-889-0